50歳からの起業はマインドが9割

稼げる
ココロの法則
39

常識を捨てれば
さっさとうまくいく！

飛常識な経営コンサルタント
高橋 貴子

産業能率大学出版部

はじめに　50代の起業はマインドが9割

50歳を過ぎて「自分のやりたいことに挑戦しよう」と決心したあなたへ。

50歳を超えての初めての起業。
成功するために必要なものは何かと聞かれたら、あなたは何と答えるでしょうか？

・WEB集客の手法・発信の仕方を学ぶ
・ビジネスプランの作成
・手元の資金の準備
・起業塾やコンサルタントなど、師事する人を見つける

おそらく、こういった現実的な方法が頭をよぎり、いろいろと思案投げ首するかもしれません。

実際に、経営コンサルタントである私のところにいらっしゃる9割以上の方が「何から始めればいいのかわからない」というご相談なのです。
しかし、このようなノウハウや現実的な行動の前に、あなたにはやっていただかなくてはいけないことがあります。

【ビジネスをしていく上での稼ぐマインドセットを整えること】

これこそが、まずやるべきことなのです。

なぜ、稼ぐためにマインドセットが必要なのか

その前に、50歳を過ぎた女性の起業を取り巻く最近の環境について、少し解説したいと思います。

終身雇用は今や過去のものとなり、国内の不景気や国際情勢なども考慮すると、男女を問わず人生後半の生活設計を見直さざるを得なくなっています。ビジネス経験がないいわゆる専業主婦の場合でも、たとえ夫が定年まで勤め上げたとしても、退職後を見据えて稼ぐ必要に迫られ起業を目指すというケースが多くなってきました。

また、離婚などによる家庭環境の変化からも起業を志す50代は増えており、30代に次ぐ多さになっています。

私の肌感覚では、55歳から57歳の起業が増えている印象です。

一方、このようなネガティブな側面だけではなく、これまで家族のために尽くしてきたので、これからの人生は「自力で稼いで、自由な人生を謳歌したい」と思う50代女性も多いのです。

しかし、このような人が業界にいきなり参入したところで、心が折れて即退場、ということにもなりかねません。

なぜなら、今までそういう「ビジネス」をやってきたことがない状態で、いきなり「稼ごう」とするからです。

「稼ぐ」ためには「稼ぐためのマインドセット」が必要になるのです。

50代の女性の起業に必要なマインドセットとは

50代の起業、またはリブランディングの場合、ネックになるのはスキルそのものよりも、実はマインドなのです。

私の持論では、**マインドが9割**と言っても過言ではありません。

マインドセットなくして、事業の成功は難しい。

さらに、ビジネスの経験がない多くの女性は、お金の話が苦手です。そしてビジネス経験のなさは、誰かに何かを言われたりするとすぐに落ち込んだり、立ち止まってしまう傾向を助長します。

そこで、ビジネスを志すためには避けて通れない「**稼ぐ力**」の**マインドセット**と、そのための実践項目を書き記した50代女性の起業スタート・リブランディング「**実践型マインドバイブル**」を書くことにしました。

それは、女性の起業に関する私の豊富なコンサルティング経験から、起業でつまずく各段階にある女性がすぐに実践、行動できるよう、マインドセット＆実践の面から効果的な提案をするもの。

つまり、「**50代の女性が稼ぐことに特化した本**」が『**稼げるココロの法則39**』なのです。

本書の構成と活用の仕方

本書は、50代の女性に稼ぐ力を身につけていただくために、**〈開業前・開業後・継続〉という流れで以下のような段階でステップアップしていく構成**になっています。

1　備えるマインド〈開業前〉開業前の不安・心の準備
2　稼ぐマインド〈開業後〉行動・お金のマインドブロックを打破する
3　使うマインド〈開業後〉道具・備品購入や学びの先行投資の仕方
4　貯めるマインド〈継続〉資産　無形財産の作り方
5　増やすマインド〈継続〉人と縁から広がるビジネスの広げ方

そして、最後の6ステップ目には、行動にもっと加速がつくようなマインドアップストーリーをお伝えしています。全部で39のストーリーです。

一応、順を追って前から読んでいただくとマインドが整う構成にしてありますが、気になるところからどんどん読んで実践していただいても構いません。

というのは、稼ぐためのマインドセットを受け取りやすい形で示しつつ、どうすればそれが実践できるのかを、実務レベルの項目に即して記しているからです。つまり、マインドセットと実践を両立できる内容になっているのです。

ですから、いわば**逆引き辞典のように、バイブルとして手元に置いて**あなたが好きなようにご活用ください。

よりよい一歩を踏み出すあなたへ

50代という年代は、過去を振り返り、未来をデザインし直す絶好のタイミングです。

しかし、多くの人が「迷い」や「不安」に足を引っ張られ、行動に移せないまま時が過ぎてしまいます。本書は、そんなあなたを、「愛あるちょっと辛口な言葉」で背中を押し、未来への一歩を踏み出すお手伝いをするための一冊です。

では、さっそく、次のページを開き、新しい未来の扉を開きましょう！

あなたが自分らしい人生を築くその瞬間、そしてその先も、この本があなたにとって頼もしいパートナー的な存在でいられるようにと願っています。

飛常識な経営コンサルタント　高橋貴子

目次

第4章　貯めるマインド　豊かであり続けるためにすべきこと

第5章　増やすマインド　人もお金も引き寄せる生き方

第1章

備えるマインド

心の準備は開業前に済ませなさい

「すべき」という人生から
「したい」という人生へ

1　人の価値観はあなたの人生を豊かにしてくれない

「今まであなたが大事にしてきた価値観って、本当にあなたのものですか？」

もしもそう聞かれたら、あなたは何と答えますか？


――私は日頃から、いろいろと皆さんのお話しを伺います。

実は、その時によく思うことがあるのです。

それは、その人たちの「**ある共通した口癖**」です。


それは、「**～すべきですか？**」というもの。


例えば、「○○をするべき」「こうあるべき」「ねばならない」など。

わりと強い口調の言葉を使う人が多いのです。

「べき」と言っている時点で、それはもう、自分のやりたいことではない可能性が高いのですが、ご本人は無意識で、そのあたりに気づいていません。

親の価値観や他人の価値観などが、自分の人生に影響を与えることはとても多いものです。

しかし、**人の価値観で生きることは、自分の人生を生きることにはならない。**

本当はわかっているはずなのですが、言葉として出てくると違うものになってしまうことも多々あります。

あなたは、他人の価値観で自分の人生を生きてしまっていませんか？

このような、「べき」語を使う人には、周りの目をすごく気にして生きてきたという傾向が見られます。

しかし、残念ながら、**周りの目を気にしすぎると自分の人生を生きられません。**親や他人の価値観とか、社会がこうだからとか、女性だからとか、貧しいからだとか、年齢が上だからとか下だからとか、そんなことは全然関係ないはずです。

なぜなら、あなたの一度きりの人生は、他の誰も肩代わりしてくれないのだから。

あなたが本当に自分の人生を豊かに生きていきたいと思うのであれば、社会や他人といった周囲の価値観を理解はするけれども、それに振り回されないことが何よりも重要です。

周りの状況は理解した上で、しかし同調はしなくてよい、という許可を自分に与えてあげてください。

【他人の価値観は、あなたの人生を豊かにしてくれません】

それでも、心がモヤモヤしたりザワザワしたりしたら、「私は、本当はどうしたいんだろう？」と自分に問いかけてみることが大切。

心のモヤモヤやザワツキは、あなたの内なる声であり、心底からのサインです。それに答えるには、驚くほどシンプルに**「すべき」ではなく「したい」を選択する**こと。それだけで、人生はとても生きやすくなるはずです。

今すぐできる！アクションプラン

1・「すべき」を書き出してみる

まずは、自分が普段の生活で「～すべき」「～ねばならない」と感じていることをリストアップしてみましょう。仕事や家庭、人間関係、日常の小さなことまで書き出します。

例えば、「毎日夜10時までに寝るべき」「誰にでも優しくあるべき」などです。

やってみよう！ 5分だけ時間を取って、なるべく多くの「すべきリスト」を作ってみましょう。どれが本当に自分の望みで、どれが他人や社会の価値観に基づいたものなのかを確認するため、書き出したリストの各項目の横に「**自分のため**」「**他人のため**」などのメモを追加すると、気持ちの整理がしやすくなります。

2・「したい」リストと交換する

「すべきリスト」ができたら、それを「したいリスト」に変換してみましょう。「～したい」と置き換えた時に、心が軽く感じたり、ワクワクしたりするものを見つけてみてください。

例えば、「早く寝るべき」を「健康のために好きな時間に寝る」や「夜は自分の好きなことをする時間にする」などに変換します。

やってみよう！「すべき」を「したい」に変換してみる作業は、少し時間がかかるかもしれませんが、ここで出てきた「したい」があなたの本当に望むことだと気づくきっかけになるはずです。

この「**したいリスト**」**を日常で意識**して、少しずつ実行に移すと、自然に「**自分の価値観**」**に基づいた行動**が増えていきます。

努力すれば、報われるのが
当たり前とか思ってない?

2 努力は必ず報われるわけじゃない

「努力は必ず報われる」

あなたもきっと、この言葉を一度は聞いたことがあるかもしれませんね。

でも、実は私、この言葉にちょっと逆説的な感覚を持っています。私も基本、努力はしますし、一歩一歩着実に何かの経験を積み上げることもしてきました。

けれど、現実ってそんなに単純なことばかりじゃないと思いませんか？

一生懸命頑張っても、思うような結果が得られないことも多々ありますよね。

しかもそれは、怠けたわけでも、能力が足りなかったわけでもない。

残酷な真実ですが、時として、**運やタイミングが合わないこともある**のです。

⚜ 1ミリの成長をバカにする、1ミリの行動すらしていない人

だから私は、**努力が必ず報われるとは言いません。**

どちらかというと、簡単に報われないその過程にこそ、価値があると思っています。なぜなら、努力すれば確実に、今日の自分から1ミリ成長するから。

1ミリの成長をバカにする人もいますが、今日の自分が、昨日の自分より変わっているだけでも大きな価値があります。

一生懸命SNS投稿をしているのにフォロワー数が増えない、全然集客できないとなってモチベーションが下がったとしたら、むしろそちらのほうが問題です。モチベーションに左右されずに、淡々とやり続けると、最後に目標が叶うことも多々あります。さらに言えば、案外、途中で違う道を見つけられるかもしれません。そんな柔軟さもあったほうがいいでしょう。

私は「人生は、旅だ」と思っています。あなたが、人生という旅の途中で予想外のいいものに出会ったとしたら、行き先を変更してそっちに行ってみよう、くらいの柔らかさを持ってください。結果に固執しすぎると、毎日がつまらなくなってしまいます。

「報われるために努力をする」を、「成長するために努力する」に変えれば、結果がどうであれ一喜一憂することなく、心のバランスを保てます。

25年、努力し続けて叶う夢もある

私には25年越しの夢がありました。それは、母を、彼女が行きたがっていたフランスに連れて行くことでした。50歳そこそこで、私はその夢を叶えました。

あなたは、これくらいの時間をかけて何かを叶えたことがありますか？

「努力は必ず報われるわけじゃない」

これは「投げやりになれ」という意味ではなく、結果にこだわりすぎると落ち込んで進むことをやめてしまうから、「考え方を少し変えましょう」という提案です。

報われるために努力するのではなく、努力するプロセスを通じて、人は豊かな人生にシフトしていくことができる。新たな人や新たな興味に出会うことができるのです。

あなたには、努力して成長する過程を楽しんでほしい。だからこそ、この言葉をあえてあなたにお伝えしたいと思います。

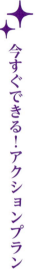

今すぐできる！アクションプラン

1・今日の「1ミリの行動」を決める

まず、今日できる「1ミリの行動」を決めて、それを実行してみましょう。小さな目標で構いません。例えば、SNSに1つ投稿してみる、仕事の効率を少しだけ上げるために5分間のタイムマネジメントを工夫する、新しいアイデアを1つ書き留めておく、などです。

やってみよう！ 自分の目標に向けて**今できる最小の行動をリストアップし、1つを実行**してみてください。終わったら日付と共に行動をメモしていき、成長の記録として残していくと、積み重ねの効果を実感できるようになります。

2・「努力の過程」に目を向けるための成長メモを取る

日々の小さな努力や気づいたことを、成長メモとして書き留めてみましょう。例えば、「昨日よりも少しできるようになったこと」や「新しく学んだこと」などを記録していくと、毎日の積み重ねが自分にとってどれだけ価値のあるものかを実感できるようになります。

やってみよう！ 寝る前の5分間を使って、「今日自分が成長したこと」を1つ書き出してみましょう。ポジティブな変化だけでなく、失敗や苦労したことも記録し、その経験から学べることに意識を向けると、さらに気持ちが前向きになれます。

3・3カ月後の「長期目標」を立てる

3カ月という少し先の未来を想定し、その頃に達成したい「長期目標」を1つ決めてください。その目標に対して、毎日「1ミリの行動」を続けることで、着実に進む感覚を得ることができます。

やってみよう！ 3カ月後に達成したい目標を書き出し、そのために必要な行動を3つくらいでよいのでリスト化してみましょう。そして、どの程度の「1ミリ行動」をそれぞれについて実践できたかを把握し、**進捗状況を1週間または1カ月ごとに確認する習慣**をつけてみてください。大きく成長している自分を実感できると思いますよ。

自信なんてなくていい
ただ、やるだけだから

3 「自信がない」と言うから自信がなくなる。

「自信がない」

この言葉、あなたは使ったことがありますか？

ちなみに、私はこの言葉を使った記憶がほとんどないのです。

なぜなら「自信がない」と言ってしまうと、その時点で上手くいかない未来が確定してしまうことを経験上知っているからです。

私は、営業職だった会社員時代もそうでしたが、自営業になった今も新しいことにチャレンジするのが好きです。

もちろん、すべてが上手くいったわけではありません。当たり前ですが、上手くいかなかったこともありました。

しかし、最初から「自信がない」と言いながらチャレンジしたことは、ほぼありませんでした。

新しいことをやる時に「自信」はいらない

なぜかというと、「上手くいくかいかないかなんて、やってみないとわからないから」です。自分の中に経験値がなければなおさら。行動する前に、**自信があるかないかなんてどうでもいい**のです。

なぜなら、**やるだけ**だから。

やってみれば、「できた」「できなかった」という結果は出るでしょう。

その時に、例えば「できなかった」という結果によって自分が傷つくから嫌だという人がいます。そういう人は「自信がない」と先に言うことで、チャレンジしない選択をする。

または、失敗した時の言い訳を先に用意しているのかなぁと、私は思ってしまいます。

話は単純です。

【やってみて失敗すればやり直せばいい】

あるいは、改善案を探して、それをやればいいだけの話。

誰かの目を意識して「何かを言われるんじゃないか」という気持ちから、一応「自信がない」と言っておくんだろうなぁ、とも思います。

「自信がない」は、自分自身への呪いの言葉

何かあるたびに「自信がない」と言葉にしていると、その感覚を自分の脳に定着させるので、ますます上手くいかなくなります。

「自信」とは「自分」を「信じる」と書きます。

だから、**自分が信じていないことって、絶対に上手くいかない**んですよね。

何かを始める前には、いつも「上手くいくと思ってやっているから、上手くいく」という自信を持つこと。「自信がない」と言っている人との違いは、実はとても大きいのです。

だからあなたも、そろそろ「自信がない」という呪いの言葉から卒業しませんか？

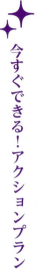

今すぐできる！アクションプラン

1・「自信がない」という言葉を意識してやめる

まずは、日常生活で「自信がない」という言葉を使っているかどうかを意識しましょう。そして、もしその言葉を使いそうになったら、代わりに「やってみる」「試してみる」と言い換えてみましょう。行動する前から自分を否定しないようにすることが大切です。

やってみよう！ どんな場面で「自信がない」と感じたか、その代わりにどんな言葉を使えばよかったかを振り返ってみましょう。その言葉を封じると意識するだけで、少しずつ自分の言葉の習慣が変わっていきます。

2・「結果よりも行動」を目標に設定する

チャレンジする時に、結果に固執するのではなく、「**行動そのもの**」**に価値**を見出す目標を立てましょう。例えば、「上手くいくかどうかは気にせず、まずはやってみる」「3回挑戦してみる」といった行動目標を設定することで、「自信がない」という思い込みに縛られることなく動けるようになります。

やってみよう！ 今日、何か1つ「結果を気にせず行動するチャレンジ」をしてみましょう。それが小さなことでも、例えば、SNSでの新しい投稿や、新しいプロジェクトに一歩踏み出すなど、まずは、「やってみた」自分を褒めてあげてくださいね。

3・「自信がある未来」を想像する

次に、今まで「自信がない」と感じていたことについて、「自信を持って行動している自分」をイメージしてみましょう。イメージするだけでも、行動に移すハードルが下がり、やる気が湧いてくることが多いのです。**「自分ならできる」と信じること**が、ファーストステップです。

やってみよう！ 新しいことにチャレンジしないといけなくなったら、自分が自信を持ってチャレンジしている姿を頭の中でイメージしてみましょう。そのビジョンが具体的であればあるほど、行動に移しやすくなり、自分を信じる力が強くなります。

完璧主義はいらない
走りながら成功をつかむ

4 完璧主義を手放せば、成功への扉があっさり開く

「完璧主義」って、あまりいい印象がない言葉だと思いませんか？

実は私、会社員時代はかなりの完璧主義者でした。自分が思う形までしっかり仕上げてから提出するために、かなり時間をかけてしっかりと作り込みました。

業務的にはスピードも求められますから、速く・完璧にしようとした結果、めちゃくちゃ残業が多くなる。提出したものに対しては、一定以上のよい評価はいただけましたが、その後、営業職になった時に私はやり方を変えるようにしたのです。

一緒に作り上げるほうがお客様に喜ばれる

たとえ自分がどんなに完璧な仕事をしても、お客様の要望を伺えばどんどん変更が増えていきます。つまり、事前に自分が思うレベルの完璧に仕上げていても、結局はあまり意味がない。

だから、**お客様と一緒に作っていくほうがお客様は喜ぶんだ**、と気づいたのです。

その時から、60%・70%でもいいから、まずは概要だけ提案することにしました。その概要から、お客様と一緒に商品やサービスの未提案の空白部分を作り上げる。

同じような成果を出したいと思ったとしても、お客様によって話が変わり、自分が思うようにお客様は動いてくれないと実感することはありませんか？

私も、今では「人は変われないのが当たり前」だと思うと心に余裕が持てるようになり、「まぁ、そういうこともあるよね」と思えるようになりました。

完璧主義を手放して、サクッと前に進んでいきましょう！

開業や新規事業など、新たなチャレンジをする時に完璧主義でいこうとすると、かえって上手くいきにくいものだと思っておいてください。

あなたは、**自分の満足度＝完璧主義**によって、準備に時間をかけすぎ、行動を先延ばしにしていませんか？

「とりあえず5割でもいい。始めよう！」と言える人とは、3年後や5年後に大きな差がついてしまいます。

転びながら何度でも立ち上がって走り抜ける私は、同じようにスタートした人に「もうそんなところまで！」と言われます。「確かにそうかも」と、改めてその差に私自身が気づいたことがありました。

だから、私はいつでも人と比べず、自分の中でベストを尽くそうと考えています。

【完璧よりも、自分のベストを尽くす】

この考え方のほうが上手くいく確率がぐんと上がります。

「ここはできたから、さらにその先を目指す」という延長線上に「あれ、成功の扉、開いちゃったかも！」と気づく。

——このくらいのライトな感覚のほうが、仕事も人生も上手くいきます。

もう、完璧主義は捨てましょう！

全部準備ができないと前に進めない……。

そんな人にこそお伝えしたい「**脱・完璧主義**」なのです。

今すぐできる！アクションプラン

1・「完璧主義をやめる宣言」をする

完璧を求めて行動をためらっている場面が自分にあるかどうか、振り返ってみましょう。そして、その完璧主義をやめると決め、「**とりあえずやってみる**」ことを自分に許可します。完璧でなくても、5割の状態でまず行動を起こすことが重要です。

やってみよう！ 今、準備に時間がかかっているプロジェクトやタスクがあれば、「とりあえずここまででいい」と判断し、実行に移してみましょう。そして、その結果をメモに残し、完璧でなくてもどれだけ前進できたかを確認してみてください。

2・「50％でまず進める」意識で計画する

完璧を目指すあまり手が止まってしまっていることがあれば、それを「50％でＯＫ」として計画を立て直します。次に進むためのものに変更して、まずは走りながら調整するという考え方でスタートすることが成功への近道です。

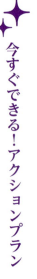

やってみよう！　1つのプロジェクトやタスクを「50％の段階」で提出、もしくは実行してみましょう。その結果を見て、足りない部分を後で調整しながら進めることで、早めに成果を出す経験値を積むことができます。

3・「完璧より前進」を意識して実行する

完璧に仕上げてから動くのではなく、**動きながら修正していくマインドセット**を持ちましょう。「失敗してもいい、走りながら武器を拾う」という感覚で進んでいくことが、成功への扉を開く鍵です。

やってみよう！　「今日は何を50％の段階で前に進めるか」を考え、それを実行してみてください。そして、進んでいる事があるなら、それがどれくらい変化しているかを感じてください。少しずつでも進んでいることに自分自身で気づけば、**完璧を求めすぎることが無意味**に感じられるようになるはずです。

学びは最大の先行投資
リターン5倍を目標に

5 お金も人も執着しすぎないのがコツ

「お金も人も、手離れがいいほうが、結果的に循環して回ってくる」
――私は、常々そう感じています。

ある程度、自分が気持ちよくていいなと思う時には、普通にお金を出しますし、おごります。そういう意味では、私は金払いもいいし、細かく損得を考えるのは面倒くさい、と思うタイプだと思います。

これは経営とは別の対人関係でのお金の使い方ですが、経営の部分でも同様に、大きくポンッと先行投資できるかどうかもポイントになります。

その場合、一時的に投資分は借金になることもありますが、**学びへの借金=自己投資はどんな投資よりも一番リターンが高い**のです。

ただし、このような学びにしたいのなら、何にでも投資していては上手くいきません。**「回収」を目標に組み込んだ投資**が必要になると考えています。

例えば、私はビジネスに使うと決めていく学びは、学んだら5倍以上のリターンで仕事に活かすイメージで学んでいます。

その結果、お金もきちんと回ってきますので、必要と思えるものにはお金を出します。

けれども、それは、きっと後で返ってくると信じているから出せるのです。

執着するのは、信頼していないから

人間関係においても、彼氏彼女の関係で、相手の行動をすべて束縛するような関係もありますね。

しかし、束縛したがるタイプの人は、やはり自分への信頼のなさと相手への信頼のなさがそうさせていると感じます。

そして、お金も人付き合いと一緒で、戻ってくると信じているのであれば、潔く手放せばいい。**執着しすぎない人にお金は寄ってきます。**

あなた自身が、「お金」だとしたらどうでしょうか？

人のために喜んでお金を使う、手離れのいい人の財布の中と、「やったー！　10円儲かっ

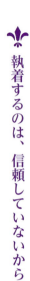

た、値切り最高！」と、すごく値切る人の財布。どちらの財布にいたいですか？

相手の負の感情を生み出し、その感情がお金に乗り移って、その負の感情がお金と共に循環します。これは負の連鎖を生むので、事業の成功とはほど遠くなります。

見返り、求めすぎていませんか？

執着があると、いろいろなものをなかなか手放せません。

金払いも悪い。自己投資もなかなかしない。相手が不快に思うほど値切って負の心の循環を生んでしまう。

こういうお金の使い方をする傾向がある人は、**相手の行動を縛ったり見返りを求めすぎたりするタイプの人**です。しかし、少しその行動を変えるだけでも、人生も仕事も上手くいくようになりますよ。

お金や人に執着する傾向があるかもしれないと自覚している人は、ぜひこの機会に**執着を手放す方向に意識**を向けてみてください。

今すぐできる！アクションプラン

1・「お金の執着」を手放す練習をする

自分がお金に対して執着している場面を意識しましょう。例えば、「このお金を使ってしまうと、もう戻ってこない」と思う場面です。次に、その状況で「お金は循環して戻ってくる」という考えにシフトし、必要だと思う投資には気持ちよくお金を使ってみましょう。

やってみよう！ 今日、小さな投資でもいいので、自分が信じる学びや自己成長のためにお金を使ってみてください。例えば、本を買う、セミナーに参加するなど、投資した分が未来に何倍にもなって戻ってくると信じて使い、本やセミナーで**学んだ内容を実践**することがポイントです。

2・「人との執着」を手放す

人間関係でも、相手に執着しすぎていないか振り返ってみましょう。相手に対して過度に見返りを期待していないか、または相手の行動を束縛しすぎていないかを確認します。

そして、「信頼して手放す」という意識を持つことで、自分の人間関係の質が変わってくることを実感できます。

やってみよう! **相手を信じて任せる。**または、**見返りを期待せずに親切な行動を取る。**そういったことを1つ実行してみましょう。例えば、友人や同僚に対して気持ちよく助力や支援をする。そして、その行動に対して見返りを求めないことを意識してみましょう。

3・「自己投資」を積極的に行う

自分への投資を躊躇していると感じたら、まずは小さなことでよいので、とにかく始めてみましょう。学びや成長に使うお金や時間は、将来の自分を豊かにするための重要なステップです。

やってみよう! 今日、あなた自身の成長のために、1つ自己投資をしてみましょう。それが小さなことであっても、例えば新しいスキルを学ぶための時間を取る、何か新しいことに挑戦する、などです。あなたが未来の自分への「投資」だと思う行動を、意識的に行ってみてください。

いきなり100を目指すより
小さな1を100回繰り返す

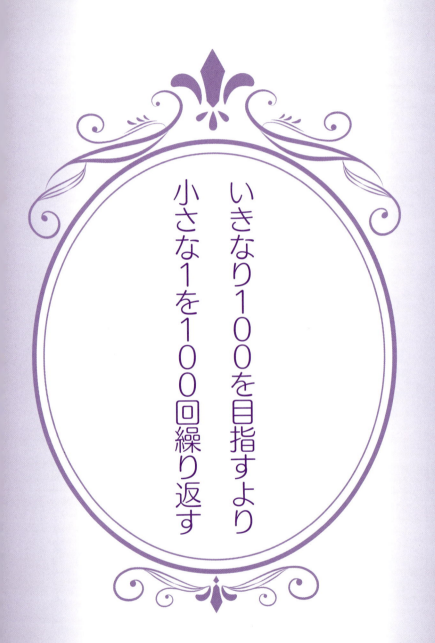

6 モチベーションはいらない。継続が成功の鍵

「モチベーションが上がると頑張れる！」

そんなことを言う方がいらっしゃいます。

しかし、私は逆に**「モチベーションは上げなくていい」**と言っています。

モチベーションを上げると、そこから少しでも気分が下がったら、モチベーションが下がるということになりますよね？

上がっている時には頑張っているけれど、モチベーションが下がったから、つまりやる気がなくなったからやらない。そんな人がすごく多いのです。

つまり、モチベーションを「上げる」と「下がる」こともあるから、無理に上げる必要はないと思うのが私の考えです。

成功している人は、継続している

決定的にわかっていることがひとつあります。

それは、事業で成功している人のほぼ100％に近い確率で、**何かを必ず「継続している」**ということ。むしろ、淡々と継続をしているだけと言っても過言ではありません。

なぜならば、継続しない人がどんどん勝手に脱落していくので、結局継続している人が残り、その人が成功者のように言われることが多いのです。

やり続ける、というのは結構難しいと思いませんか？

――それができる人だから、成功者になれるのです。

ちなみに私は、**「中庸《ちゅうよう》」という言葉が好き**です。中庸とは**「どちらにも片寄らず中正なこと。過不足なく極端に走らないこと」**という意味です。負の感情に引きずられることもなく、また、陽の感情や明るいハイテンションな感情だけでやり続けるということでもなく、習慣化して淡々とやり続ける。

それが、事業の成功には必要だと実感しています。

継続力＝習慣力です。

「継続」ができない人の大きな特徴は、目標が大きすぎること。**習慣化するまでは目標を大きくしすぎない**のもポイントです。

⚜ 大きな目標よりも、小さな目標を設定しよう

小さなことでもいいので、何かとワンセットにする。

例えば、歯磨きと体重計に乗ることをセットにすると、ダイエットが自然とできるようになります。毎朝、体重を計ることになりますからね。もちろん、前日に食べすぎれば、ちゃんと体重が増えます。

成功のカギは、モチベーションではなく習慣です。

もしもあなたが今、上手くいっていないとすれば、それはモチベーションに頼りすぎているからではないでしょうか？

今すぐできる！アクションプラン

1・小さな目標を設定する

大きな目標を一気に達成しようとすると、途中でモチベーションが低下することがあります。そこで、まずは小さな目標を設定して、一歩ずつ進めていくことを習慣化しましょう。例えば、「**今日は1つだけやる**」と決め、無理なく達成できる範囲の目標にしましょう。

やってみよう！ 今日やることを1つだけ決めて、それは必ず実行しましょう。何か1つをきちんと完了できればOKと考え、その毎日の積み重ねの達成感が継続を支えてくれます。

2・「習慣化」を意識する

モチベーションに頼らず、習慣にすることが成功へのカギです。毎日決まった時間に行うことで、感情に左右されずに行動を続けられるようになります。例えば、朝の時間に5

分間だけその行動をするといった、**具体的な時間を決める**と効果的です。

やってみよう！ 今日から、1つの行動を決まった時間に実行してみましょう。歯磨きの後やコーヒーを飲む前など、日常のルーティンに組み込むと習慣化しやすくなります。数日続けるだけでも、行動が自然な流れに乗るようになります。

3・「毎日の1」を100回繰り返す

いきなり100を目指すのではなく、毎日1を続けることが成功の秘訣です。少しずつでも前進し続けることで、大きな結果に繋がります。1日1つのアクションを習慣化し、100回繰り返すことを目標にしてみましょう。

やってみよう！ 今日から100日間、1日1つの小さな行動を続けるチャレンジを始めてみませんか？　**まずは3日間**を目指して、そこから少しずつ日数を伸ばしていくことで、継続力が自然と高まります。

ガツガツ稼ぎたくない？
そんな余裕ある？

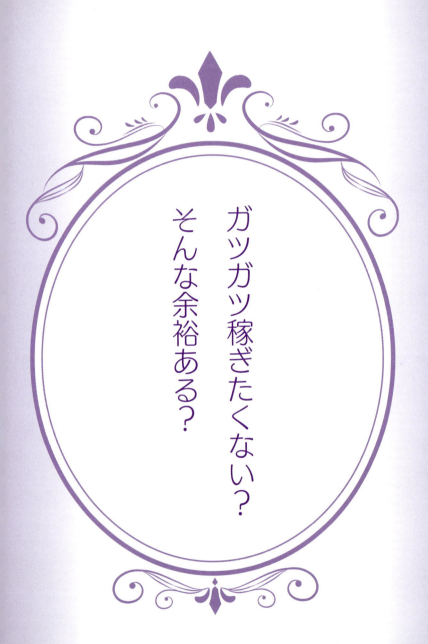

7 ガツガツ稼ぐのは、いけませんか？

コンサルセッションをしていると、こんな言葉を口にする方がいます。

「私、そんなにガツガツ稼がなくてもいいんです」

自分はあまり無理したくない、自分の都合を優先させたい、さらりとスマートに上手くいっているように見せたい……。このような、自分がどう見られているかを気にする人ほど、この言葉をよく使う傾向があります。

残念ながら、自分の都合を優先したい人には、お客様も来ません。

それなりに一生懸命にやっている人が、ようやく、**ある程度上手くいくという時代**です。

「そんなにガツガツ稼がなくてよい」という言葉を使う背景には、「努力をあまりしたくない」という意識や、失敗した時の言い訳を用意しておきたいという気持ちが垣間見えます。

つまり、単なる逃げ道のように私には思えてしまうのです。

まず、最大限に努力をします。そうしたら思った以上にお客様が来てしまって困った。そんな状況になって初めて「そこまでガツガツ稼がなくていい」とセーブするために使うのが、この言葉の本来の正しい使い方だと思いませんか？


ご都合主義な人ほど「ガツガツ稼がなくてよい」と言います。

そういった中途半端な意識の人の発信は、「(私のために) 来てほしい」という空気を身にまとっているものです。

さらに残念なことに、そんな空気は、ホームページやSNSからもにじみ出てしまっています。そして、お客様はそういう点には案外敏感なもの。

だから余計に集客ができなくなるのです。

本当に稼がなくてもいいならば、マイペースにやるのがよいと思いますし、コンサルタントや起業塾などのプロの知恵を、お金を払ってまで求める必要はありません。

なぜなら、自分の安全地帯から出る気がないのですから。


ガツガツ稼がなくてよくなるのは、ガツガツ稼げる状態を作ってから。

そうなればいくらでも、自分のペースに合わせて集客量を落としていけます。

そして、ここでひとつ、ジリ貧でお客様数が減っている方には、ぜひ知っておいてほしいことがあります。

それは、**お客様にとって〝あなたの都合は関係がない〟**ということ。

お客様は同業他社もすべて、並列で見比べています。その上で、自分に合ったお店を探して決めるわけです。自分の夢が叶う場所を選んでいる。

あなたがお客様だったら、一生懸命でほとんど毎日開店しているお店と、週に1、2回しか開いていないお店のどちらを選びますか？

状況をよくしたいなら、自分自身がビジネスに向かう姿勢を変えない限り、事態は好転しません。もちろん、稼がなくてもいいならそれで構いませんが。

しかし、もしも、本当に事業を上手く回したいなら**〝自分の本当の気持ち〟**はどこにあるのか、それを見つめ直すことが大切です。

この機会に、あなたの本当の気持ちに向き合ってみませんか？

今すぐできる！アクションプラン

1・あなたの現在地を知る

成功するためには、今の自分のビジネスがどんな位置にあるのかを知ることが大切です。まず、あなたと同じようなビジネスをしている他の人がどんなことをしているのか、調べてみましょう。

インターネットやSNSのハッシュタグで「○○業界 口コミ」「○○業界 人気商品」などのキーワードで検索して、どんな商品やサービスが評価されているのか、どうやってお客様にアピールしているのかをリサーチしてみましょう。

やってみよう！ **他業者のビジネスの強みや工夫している点をリストアップ**し、自分の現状のビジネスと比較してみましょう。そこから、自分に足りないものや取り入れたいポイントが見えてきます。また、逆に自分のほうが優れている点があれば、そのポイントも把握して長所をより磨くヒントにもなります。

2・自分のビジネスの魅力を整理して伝える

あなたのビジネスの魅力は何でしょうか？

まずは、自分のビジネスの「強み」を明確にしましょう。例えば、「他にはないユニークな商品」「お客様への丁寧な対応」「リピート率の高さ」など、あなたのビジネスならではのよさを整理します。その上で、それをどうやってお客様に伝えるかを考えてみましょう。SNSで発信する、ホームページを整える、口コミを促すなど、シンプルで始めやすい方法から取り組んでみてください。


やってみよう！ **既存のお客様に「あなたを選んだ理由」**を聞いたり、簡単なアンケートを取ったりすることで、ご自分のビジネスの強みを確認しましょう。それをSNSやブログで紹介してみるのもお勧めです。

開業時、まだお客様がいない場合には、モニターや体験会などからお客様の声を集めるところからスタートしましょう！

コラム：50歳、初めての起業に必要なマインド

「50代で起業をするなら、成功の鍵はたった1つ。それは〝素直さ〟です」

「え？ それですか？」と思う人も多いかもしれませんが、これ、案外重要なわりには、軽んじられている感覚なんです。

プライドを手放せば、50代起業は上手くいく

会社員経験の少ない人が、年齢を重ねた時に突き当たる壁は「自身のプライド」です。

というのも、社会的な活動の経験が薄い場合、「アドバイスされる」ことに慣れていません。そのため、ちょっとした改善の提案でも、勝手に拡大解釈して落ち込んでしまう人がとても多いのです。

その逆に、伸びる人は素直なので「そうなんですね！ そう言っていただけて嬉しいです。この年齢になると誰も本当のことを言ってくれなくなるので、ありがたいです」とおっしゃいます。

私も50代ですので、バリバリに活躍しているネットマーケターは、ほとんど年下です。新しく始めたサックスの先生は、二人とも10歳から15歳近く年齢が離れています。あなたは、「若い人に指導されるのはちょっと気が引ける」と感じたことはありませんか？

でも、サックスの先生は私を伸ばすために、よいところも改善すべきところもきちんと伝えてくださいます。ビジネスも同じで、まずはやってみることが重要です。

そしてもうひとつ、50代からの起業なら、ビジネスの独学はあまりお勧めしません。社会の進化のスピードが速すぎるから、何もわからず飛び込む人が簡単に攻略できるほど単純な世の中ではなくなってきています。

何をすればよいのかわからないのであれば、まずは信頼できる師匠、メンターを見つける。そしてその方が言うことを、まずは実践してみる。それが早道です。

50代からの起業は、遅いどころか新しいスタートを切る最高のタイミングです。素直さを味方に、ぜひ自分らしい未来を手に入れましょう！

第2章

稼ぐマインド
あなたの心が稼げる額を決めている

いくら稼げるかの前に
いくら稼ぎたいかが大事

8 思考の制限を外すと、稼げる額が変わるという不思議

「あなたは、ひと月どれくらい稼ぎたいですか？」

起業したばかりの人に伺うと、大抵こんな答えが返ってきます。

「できれば、パート並みには……」

例えば、パートの収入が月10万円だとしたら、パート並みで月10万円……。

このように、稼ぎたい金額を聞くと、現状稼げていなくて自信がないからか、今の自分でも稼げそうな、控えめにかなり低い金額を答える人が多いのです。

――私は、コンサルティングを始める時、最初にこの質問をします。その人がどれくらい稼ぎたいかに合わせて、事業計画や商品設計を考えるためです。

質問を繰り返していくと、最初は10万円と言っていた人が、30万円、50万円稼ぎたいとどんどん金額が上がっていき、本当の願いが出てきます。

もっとあっさり、最初から100万円と言う人もいますし、思いきりよく200万円と言う人もいます。そういう人がどうなるかと言えば、実は、**稼ぎたいといった金額が本当に稼げるようになる**のです。

稼ぎたい金額に、可能性をどこまで信じるかが表れる

「10万円」と言う人は、やはり10万円の稼ぎになって、「50万円」と言う人は50万円の稼ぎになる。「言ったもん勝ち」というわけではないですが、**自分の可能性をどこまで自分が信じているのか。**その度合いが言葉に表れるのです。

欲しい金額を多めに言ってしまうと、達成できなかった時に残念！　な自分になってしまう。それは見たくないから、達成できそうな金額を言うのも理解はできます。

でも、いくら稼げたら自分が「嬉しい」と素直に心の底から思えるのか、その金額をまずは頭に思い浮かべることのほうが大事です。

これは「お金に走れ」という意味ではなく、**「思考の制限を外す」**ことなのです。

思考の制限を外すと何が起こる？

思考の制限を外すと、今の自分が思っているよりも稼げる場合が多い。つまり、そうしたいと思えば、そういう場所まで行けるものなのです。

例えば、交流する相手が変化すれば、自分のお金の使い方やその金額も変化するでしょう。こういう人たちと交流を続けるためには、自分もこれぐらいは稼がなければと明確にイメージできるようになるものです。

また、誰かのためにという目標のほうがいい感じにお金を稼げそうなら、誰かのためでも構いません。

例えば自分の子供が夢を叶えたいと言ってくれば、そのためにはどれくらいのお金が必要かわかりますよね。子供のためなら頑張れたりしませんか？

「自分はこれくらいだ」と思っていると、そこ止まりになります。

制限を取り払った、**本当に稼ぎたい金額には限界を決めない**ことが、案外大事です。

それは、自分だけのためではなく、みんなの夢を叶える資金にもなるからです。

だから、もしもあなたが今よりもっと稼ぎたいなら、思考の制限を外すことから、まずはやってみてください。思った金額があなたの稼げる金額に等しくなりますよ。

今すぐできる！アクションプラン

1・「本当に欲しい金額」を具体的に書き出す

まず、心の底から「これだけ稼げたら嬉しい！」と思える金額を素直に書き出してみましょう。ここでは遠慮せず、制限を取り払って自由に考えます。現状や他人の目を気にせず、あなたが望む金額を紙に書き出すことから始めましょう

やってみよう！ ノートに「**1カ月で稼ぎたい理想の金額**」を書き出してみましょう。その金額があることで、自分や家族、周りにどんなプラスがもたらされるかも併せて書き出すと、達成のイメージがより具体的になります。

2・「制限を外した自分の未来」をイメージする

次に、その金額を稼ぐ自分を具体的にイメージしてみます。日常生活や仕事がどのように変わるのか、誰とどんな関係を築き、どのような経験をするのかを想像し、書き出してみましょう。この未来を描くことで、制限を外した考え方が現実的なものとして感じられ

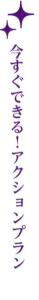

ます。

やってみよう！　自分がその金額を稼いでいる時の生活や行動を具体的に思い浮かべ、**視覚的にイメージ**してみてください。そのイメージをノートにまとめておくことで、自分が目指す方向性を日々意識できるようになります。

3・日々の「制限を外す習慣」を持つ

思考の制限を外すために、日々少しずつ「自分には無理だ」と思ってしまうことを意識的にやめ、可能性に目を向ける習慣を作りましょう。「今の自分には稼げる可能性がある」と繰り返し自分に言い聞かせ、少しずつ制限を取り払うことが大切です。

やってみよう！　気持ちが臆病になったら、「**自分の可能性に限界はない**」と自分に言い聞かせる習慣を、少しずつでいいので取り入れてみましょう。さらに、達成感を得られる小さな目標を設定し、それを実行することで、自分への信頼と制限のない思考が少しずつ習慣化されていきます。

仕事を趣味化して
ワクワクする人生を

9　50歳だからこそ仕事を趣味にしよう

【仕事趣味化計画】


私は、この言葉を自分のビジネスの行動指針として、日々動いています。

だから**「趣味が仕事で、仕事が趣味で」**という言葉もよく人に伝えています。

お金を稼ぐために、辛くても仕方なくやるのが「仕事」だと考える人も一定数いるでしょうし、場合によっては、そうせざるを得ない時期もある。私にもそういう経験がありますから、それはよく理解しています。けれども、50歳を超え、ある程度人生の終わりが見えてきて、健康寿命を考えるようになる。そんな時に――。


【趣味は仕事】


こんな言葉を言えたら、すごく楽しいと思いませんか？

まずは、あなたの好きなこと、心から熱中できることを仕事に取り入れてみてください。

自分の気持ちが解放されて、自由に動けるようになります。

さらに、まだお金が支払われない状態でも仕事を作っていくという考え方を持つことが大事です。辛い思いをして、仕方なく時間を提供して働くのではなく、本当に熱中できる好きなことを、どうにか仕事に変換できないかと考えてみることです。

私のお仕事趣味化の実体験

私は、自分の趣味をどんどん仕事に取り入れてしまうタイプの人間です。

カメラ教室に通って写真の撮り方を習ったら、主宰していたパン教室で、パンを発酵している間に写真を教える講座を自分で作って、生徒さんに教えました。

それは、趣味が仕事に変わった瞬間です。

また、趣味でサックスを習った時も、やはり人前で演奏する機会を増やしたいとい思って、自分のビジネスセミナーにサックスパーティをくっつけたセミナーを開催しました。

セミナーがライブに？　仕事と趣味の逆転現象

私は、当初はセミナーに価値があると思ってやっていました。

当たり前のことですが、コンサルタントである私には知識と技能と能力があるので、皆さんの経営の課題を解決するお話をすることができるからです。

ところが最近は、サックスの演奏を楽しみに来てくれる人が増えてきて、実はビジネスや経営の話は、ほぼしていません。それでも出版ライブセミナーは満席になります。**ビジネスセミナーの価値と、素人から始まった音楽演奏の価値がいつの間にか逆転**していたのです。

今では、「貴子さん、またライブ聴きに行きますね！」と言ってくれる方が増えました。「セミナーに行きますね」ではなくて「ライブに行きますね」です。

――私は本気で仕事の趣味化を実現したいと考え、趣味を仕事にしてお金をいただけるように、少しずつ少しずつシフトしていったのです。

【仕事を趣味にすることも、趣味を仕事にすることも、実は同じ】

あなたがせっかく「好きなことで稼ぎたい」というスタート地点に立てたならば、仕事を辛いものと考えてしまうのは、少し残念です。

仕事もまるっと趣味化して、楽しんでしまいましょう！

ワクワクする楽しい人生を送るために「仕事趣味化計画」を実践するのも、50代を超えたあなたにこそオススメの生き方です。

今すぐできる！アクションプラン

1・「好きなことを見つける時間」を持つ

自分が心から好きだと思えること、ワクワクすることを見つけるための時間を設けましょう。どんな小さな趣味でも構いませんし、今までやってみたいと思っていたことでもOKです。**「本当に好きで続けられることは何か？」**を明確にしましょう。

やってみよう！　一日の終わりに10分だけ時間を取り、「今日一番楽しめたこと」「もっとやってみたいこと」をリスト化してみてください。その中から仕事に取り入れられそうな趣味や興味を選び出していくと、趣味と仕事がつながるヒントが見えてきます。

2・「趣味を仕事に取り入れる方法」を試す

自分の趣味を仕事に活かす方法を考えましょう。例えば、料理が好きなら、それを活かした教室を企画する、写真が趣味ならSNSやブログに活かすなど、趣味を小さな形で仕事に組み込む方法を試してみてください。

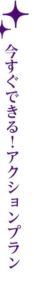

やってみよう！ 今の仕事に活かせる形で、趣味を取り入れるアイデアを1つ実践してみましょう。例えば、顧客向けに趣味の情報を提供したり、少人数のクラスでその趣味に関する体験会を開催したりと、気軽に始められる形から試してみてください。

3・「仕事を趣味として楽しむ」マインドを持つ

仕事に対する見方を変え、好きなことを仕事に取り入れる、あるいは**趣味の延長線上として仕事を楽しむ姿勢**を持ちましょう。仕事を「やらなければならないこと」から「好きでやっていること」に捉え方を変えることで、自然とやる気が湧いてきます。

やってみよう！ 毎朝、「今日の仕事の中で、どんな楽しいことを見つけられるか？」と自分に問いかけてみましょう。小さなことでも「楽しい」と感じる部分にフォーカスすることで、日々の仕事が趣味みたいに感じられるようになりますよ。

自分だけの時間こそ
お金で買えない贅沢

10 おひとりさま時間を贅沢に味わうマインドを持つ

あなたは、自分だけの時間を心から楽しめていますか。

これ、結構難しいと思っている人が多いんじゃないでしょうか。

例えば、お子さんがいる人は、当然自分だけの時間がなかなか持てないとよく聞きます。

また、いつも友達と一緒にいないと自分が孤独になると思う人もいるかもしれません。

いつも誰かと一緒にいる、あるいは無理やりにでも予定を入れて忙しい状態を作ることで、自分の存在価値をそこに置くような過ごし方をする人もいます。

ですが、本当の意味で自分の心が満ち足りた状態を作るのは、自分だけの時間を大切にすることができる人なんだろうなぁと、私は思います。

おひとりさま時間を持つことをマイルールにしよう

50代を超えた女性だからこその作法に近い、ひとつのマイルール。

【おひとりさま時間を持つ】

これって、とても大事なことじゃないでしょうか。おひとりさま時間は、心に贅沢な安らぎと、自分を見つめ直す貴重な時間になるからです。

おひとりさま時間を持つことに罪悪感を持つ人がいますが、もう、そこは振り切って、自分時間を楽しみ、贅沢に味わい尽くすことをマイルールにしてください。

自分時間の過ごし方は自由です。好きな音楽をかけたり、お気に入りのカフェでお茶を飲んだり、興味のある本を読んだり、アートを鑑賞したり、自然の中でリラックスするなど、どんなことでもいいのです。私は、旅行が好きだから旅行にも行きますし、サックスを演奏するとすごく体が共振して心地よいので、練習も苦にはなりません。

自分時間を見直すことが事業の成功に繋がる

あなたが今まで自分時間をなおざりにしてきたならば、改めて見直してほしいのです。

それは案外、事業を上手くいかせる心のゆとりと連動しています。

まず、**罪悪感を持たない**こと。

そして、おひとりさま時間を取るために、**不要な付き合いを断る強さを持つ**こと。

おひとりさま時間を大切にすると、結果的に自分自身を大切にすることになり、仕事や事業を発展させる大きなエネルギーになります。

あなたも、おひとりさま時間を持つことを意識的に取り入れて、贅沢な時間を過ごしてみてください。きっと事業がスルッと簡単に広がっていくと、私は考えています。

おひとりさま時間の効果を信じて行動に移そう

おひとりさま時間を過ごすことが、なぜ事業にとって大切なのか。

おひとりさまの時間。それは、**自分の内面と向き合うことでクリアな目標が見えてくる時間**です。忙しさに追われた状態では、自分の本当の声ややりたいことが見えなくなることが多いものです。静かな時間の中で心を開放すると、意外にも直感やアイデアが湧いてきて、仕事における新しい方向性や課題解決のヒントが生まれやすくなります。

こうした豊かなインスピレーションは、あなたが心身ともにリフレッシュしたからこそ生まれるものです。

何も特別なことをする必要はありませんが、少しずつ意識して**「自分を喜ばせる時間」**を増やすことで、事業や仕事にも自然とよい影響が出てきます。

あなたにも、ぜひ積極的に取り入れてほしい時間です。

今すぐできる！アクションプラン

1・「自分がやりたいこと」を見つけるためのリストを作る

まず、自分がやりたいこと、興味のあることをリスト化してみましょう。大きな夢や理想ではなく、日常で「これをやってみたい」「ここに興味がある」と思う小さなことから書き出すと、徐々に自分の方向性が見えてきます。どんなに些細なことでもOKです。

やってみよう！ ノートに「**やりたいことリスト**」を10項目書いてみましょう。小さな好奇心や興味からでも構いません。その中で特に興味が強いものを見つけたら、それを具体的な仕事に繋げられないか考えてみましょう。本当に小さなことからでも構わなくて、対価がなくても、始めてみることでいろいろと変化が起こります。

2・「見つける」より「行動する」を意識する

やりたい仕事を探し続けるのではなく、少しずつ実際に「自分で行動する」ことを心がけましょう。

例えば、やりたい仕事に関連する学びを始めてみる、関連する人と繋がるなど、実際の行動に移すことで、見えなかった可能性が開けてくることがあります。

オススメは、リアルの交流の場に行ってみること。本を出版したいなら、作家の出版記念セミナーなどに参加してみる。するとそこからアイデアが生まれたり、企画書を見てもらえる出版社の人に出会えたりできるかもしれません。行動が夢のきっかけを後押ししてくれます。

やってみよう！ **今から1つ、興味のある分野で行動を起こしてみましょう！** 小さなことで構いません。例えば、興味の分野に関連するイベントに参加する、またはもっと手前の行動で、ネットで情報を集めるなどでも構いません。具体的なアクションを通じて、次のステップを見つけ出すことができます。

やりたい仕事がない？
だったら創ればいいんじゃない？

11 やりたい仕事なんて本当は見つからない？

あなたは今、やりたい仕事に就いていますか？

この本を読んでいる人の中にも、やりたい仕事に就けている人、就けていない人、どちらもいらっしゃることでしょう。

いろいろと事業相談に乗っている私の肌感覚で言うと、8：2ぐらいで、本当に好きな仕事には就けていない人が多い印象があります。

・8の人は、模索中、もしくは、まだやりたい仕事に就けていないけれど、就きたくて頑張っている人

・2の人は、やりたい仕事には就けているけれど、まだその仕事に収益がついてきていないという過程にある人。このような感じなのです。

また、以前20代~30代の若い人たちの声として聞いた言葉があります。

「やりたいことがない」「夢がない」

私はすごく驚きましたが（私はいつでもやりたいことだらけでしたから）、若い世代のライトな人たちは、そんな感じなのかなと思ったりもしています。

40代、50代になると、世の中のことがある程度わかってくるので、やりたい仕事というよりは、自分にできる仕事の中から自分の立ち位置を決めている人が多いと感じます。

主体的に仕事を創る意識を持とう！

やりたい仕事がないなら、私のお勧めは**「自分で仕事を創ったらいいんじゃない？」**ということ。やりたい仕事ができるように、自分をそこに合わせていくというやり方です。

つまり、自分が仕事を主体的に創るという意識に変えると、やりたいことは何でもできるようになります。

だから、やりたい仕事が見つからないという人には、もう一歩踏み込んでほしいのです。

組織や環境から、やりたい仕事が与えられるというのは勘違いです。

「自分でやりたい仕事はこういう仕事だ！」と強い意志を持ち、ゼロからでも立ち上げられるマインドがあると、大抵のことはできてしまいます。

やりたい仕事は探すものではなく、創るもの

やりたい仕事って、見つけようとするから見つからない。

「やりたい仕事は、見つけるのではなく自分で創る」

——私は、これが正解だと思っています。

「**やりたいことがあるなら、やったらいい**」というのが、私の答えなのですが、こういう話をすると「とはいえ」と切り返す人も結構多いのです。

「〇〇だから、やりたい仕事って、見つからないんです」

このように「見つからない理由」を話してくださいますが、考え方を少し変えませんか？

【やりたいことは、自分で創る時代】

この意識で仕事を創っていけば、大抵のやりたい仕事ができます。自分を信じて動いてみてください。きっと、夢の扉の入り口があっさりと見えてくるはずですから。

今すぐできる！アクションプラン

1・「好き」と「得意」を組み合わせて仕事のアイデアを見つける

「やりたい仕事が見つからない」と悩んでいる人は、自分の「**好きなこと**」と「**得意なこと**」を整理することが大切です。この2つを掛け合わせることで、あなただけのオリジナルな仕事のヒントが見つかるかもしれません。

やってみよう！ 紙とペンを用意して、まずは「好きなこと」と「得意なこと」をそれぞれ10個ずつ書き出してみましょう。その後、それぞれを掛け合わせてどんな仕事ができるかアイデアを考えてみてください。思いついたものはすべてメモして、気になるものから1つ選んで行動に移してみましょう。

2・必要なスキルや知識を学び、実践に活かす

やりたい仕事を創り出すためには、自分に足りないスキルや知識を補うことが重要です。学んだことをすぐに実践に活かすことで、アイデアが形になりやすくなります。

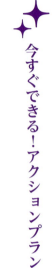

やってみよう！　まずは、あなたが興味を持っている分野や**やりたい仕事に必要なスキルを3つリストアップ**してみましょう。その中から1つを選び、今日から学び始めてください。例えば、オンライン講座に申し込む、専門書を1冊購入する、もしくは実際にその分野のイベントに参加してみるなど、行動を起こしてみましょう。

3・小さな成功体験を積み重ねて自信をつける

「自分にできるだろうか」と不安に思う気持ちは誰にでもありますが、小さな成功体験を積み重ねることで自然と自信がついていきます。まずはできることから始めて、少しずつステップアップしていきましょう。

やってみよう！　今日から、やってみたいことを「**超・小さな目標**」に分解して取り組んでみましょう。例えば、ブログを書きたいなら「タイトルだけ決める」、新しいビジネスを始めたいなら「必要な道具を調べる」など、すぐに達成できる目標を設定します。達成できたら、小さな成功をしっかりと認めて、自信に繋げていきましょう。

落ち込むあなたへ
なぜ集客の自信があったの？

12 期待値を上げすぎるから落ち込むメカニズム

私は、経営コンサルタントとして、クライアントさんが集客をどのように頑張ったかという報告を受けながら、改善案をアドバイスする立場にあります。

その時に多いのが、例えば、「10人集めたかったのに2人しか集まらなかった」という、集客が上手くいかなかった場合です。10人集めたいという希望が、その人にとってどの程度の難易度なのかを把握していなくて、根拠もなしに**目標数字だけを先に決めているケース**です。

その目標に根拠はありますか？

1万人のファンがいる人が10人集めるのは、そんなに難しくありません。

けれども、100人しかファンがいない人が10人集めるとしたら10％ですから、かなり高い成約率です。SNSのような薄い付き合いから成約できるのはせいぜい1％。そのくらいが「通常レベル」です。

とはいえ、100人しかファンがいなくても濃いお付き合いができていて、そのフォロワー数で10人決める方もいらっしゃいます。が、数は少ないですね。

この「通常レベル」を知らずして、自分の事業の勝手な都合で売上を上げるために、根拠もなく「10人集めたいから」というだけで目標を定めたとします。

こういう分析をしないで、「10人集めたい。集まらなかった。2人だけだった……」と落ち込む人がいます。**自分の目標と現実とのギャップに落ち込む**のです。これって、どう思いますか?

期待値を自分の実力に比べて上げすぎだと自覚していないと、実は無謀な目標を立てているのに、自分が欲しいと思えばできると勘違いする。

そして、結果が手に入らなかったから**勝手に落ち込むというメカニズム**なのです。

目標値は柔軟に設定しよう

私に言わせると、そもそも、なぜ10人集まる予定になっていたのか。「その根拠が言えるかどうか」が、どちらかというと大事です。

目標値を持つのはよいことです。

ただ、それに対する実践項目を、どのようにすれば着実にこなせていけるかを考えることが大事なのです。

10人は「ちょっと無理だよね」となれば、「まずは４人、頑張ろう」に変更する。

そして、４人が達成できたら「そのまま勢いに乗って６人に」とか「８人に」などと、いい感じの頃合いを自分で見定める。そういうマインドが、稼ぎ始めの時には必要なのです。

「最高に良い状態を作ろう！」と決意するのはＯＫ。

ただし、実践する時は、**期待と現実を受け入れる柔軟性**と、**予期せぬことや上手くいかないことがセットで入ってくる**ことも、併せて頭に入れておきます。

これくらいの、緩やかでライトな気持ちを持ってトライするほうがよいでしょう。

期待値を上げすぎて落ち込み、しかもそのせいで2週間動けなかった。そんな話もよく聞きます。事業全体で見れば、かえってダメージが大きい。

期待値に縛られすぎず、落ち込むことなく、確実に見込める目標を積み上げていく。

期待と現実のギャップを柔軟に受け入れる姿勢でトライしてくださいね。

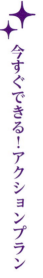

今すぐできる！アクションプラン

1．目標値の根拠を確認する

立てた目標に対して、現実的な根拠があるかどうかを確認しましょう。目標を設定する際、自分の**現在のフォロワー数や顧客基盤、実際の成約率**などを考慮に入れているかどうかを振り返ります。これによって達成可能な目標値が見えてきます。

やってみよう！ 現在のフォロワー数や過去の成約率を基に、「この目標は現実的か？」と問いかけてみましょう。例えば、100人のフォロワーに対して10人を集めたい場合、その目標が根拠に基づいているかを確認し、柔軟に見直してみてください。

2．段階的な目標を設定する

最初から高い目標を掲げるのではなく、段階的に達成可能な目標を設定していきましょう。まずは「4人を集める」などの小さな成功を積み重ねることで、モチベーションを維持しやすくなります。その後、目標に近づいた段階で、さらに数を増やす挑戦に移るとよいでしょう。

やってみよう！ まずは達成できそうな人数を設定し、その人数に向けて必要なアクション（例：SNS投稿数、イベント開催数など）をリスト化して実行しましょう。目標人数に近づいた段階で、さらに人数を増やす目標を追加していきます。

3・期待値を柔軟に受け入れる心構えを持つ

高すぎる期待に縛られず、目標を達成できなかった場合にも落ち込まずに、次の挑戦に進む心構えを持ちましょう。**目標の達成に対する柔軟な姿勢**と、**失敗してもリカバリーできる軽やかな心持ち**が、長期的に事業を進める上で役立ちます。

やってみよう！ 目標を見直した後、「達成できなくても、それも経験」と受け入れる練習をしてみましょう。日記やメモに、「今日の行動で得たこと」や「改善すべき点」を書き出して、自分の成長として前向きに受け止める習慣をつけると、期待値に左右されずに次に進みやすくなります。

お金がないから学べない？
先に払って稼いでみる

13 「お金がないからやりたいことを後回し」にはしない

お金って、便利なツールです。

習い事をしたい時や仕事のための勉強をしたい時、お金があれば大抵のことは叶います。セミナーなどを受講して勉強すれば、きっと仕事が上手くいくと確信できた場合。または、今の事業の発展が十分に見込めると予想できた場合。今、たとえ借金を背負ったとしても、どうしても学びたいことってありますよね。

そんな時、**今お金がないからと言って諦めるのは、もったいない**と思います。

月商20万円で１５０万円の講座を受けた理由

私は、事業系の学びへの投資として、30万円～１００万円くらいの講座は定期的に受講しています。おそらく10年で軽く３０００万円くらいは使っていると思います。

起業3年未満の頃、１５０万円の講座代を払ったことがあります。月商が30万円くらいの時でした。

将来的に、価値の高い講座として自分のビジネスを売る、といったスキルを身につけたい時、あなたならどうしますか？

ここは、借金をしてでも自分に投資して、絶対に回収するんだという気持ちで懸命に学ぶ。その分には生きたお金になりますので、しっかりお金を使うべきだと私は思います。

私が1つ決めているマイルールは、「5倍返し」。

投資でリターン効果は150万円の講座で、800万円のビジネスに繋げたので、回収率は5倍以上です。

他にも、ビジネスの勘が働いてくるようになると、私よりも経験のあるコンサルタントの先生から1時間3万円のセッションでいただいたアドバイスを実行して、翌年に1500万円の講座ビジネスの売り上げを立てることができたこともあります。

必ず回収する決意と行動力があれば、たとえ借金を作っても返せるのです。つまりは、この感覚を持って「**やりたいことに思い切って投資する**」ことができるかどうかがカギになります。

時間はお金より高い

私が一番大事にしているのが「時間」です。

だから、今習うべきものや今やるべきものを「お金がないことで諦める」ということはしません。

または、頑張ってお金を貯めてから考えるという人もいるでしょうが、お金は後から稼げても、過ぎた時間は二度と返ってきません。また、**ビジネスは「タイミング」が命**なので、タイミングがずれただけで売れるものも売れなくなるなんてことは、しょっちゅうあります。

結論として、**「払って習ってお金を稼ぐ」**ほうが早いのです。

学びに投資して、それ以上に稼いで再投資する。この循環が、大きく事業を伸ばしていくコツです。

今すぐできる！アクションプラン

1・学びに投資する際の「5倍返しプラン」を立てる

受講したい講座やセミナーに参加する際、その投資額の**5倍を稼ぐ具体的なプラン**を立てましょう。例えば、講座で得られるスキルや知識を活用してどのように収益を増やすか、具体的なアイデアや行動計画をリスト化します。

やってみよう！ 講座を申し込む時に「この講座に投資して得られる収益5倍の方法」をいくつか書き出してみましょう。その中から一番実現可能なアイデアを選び、それをどのように実行するかを考えていくことで、投資がより実りのあるものになります。当初はいきなり5倍にならなくてもいいです。まずは赤字にしない、その思考を持つことが大事です。

2・「タイミングを逃さない学び」を意識する

自分が今必要と感じる学びやスキルがあるなら、お金がないことで諦めず、今学ぶことを優先しましょう。「**タイミングが命**」と考え、投資を後回しにせず今すぐ行動することで、ビジネスの好機を逃さずにすみます。

やってみよう！ 今最も学びたいスキルや受講したい講座について、投資に踏み切る決断をしてみましょう。「お金がないから学べない」という理由を超えて、すぐに学ぶことで得られるチャンスや成長の可能性を再確認してみてください。

3・「学びと収益のサイクル」を作る

学びへの投資が収益に繋がったら、その収益の一部を次の学びに再投資する習慣をつけましょう。この「**学び→収益→再投資**」のサイクルを意識することで、事業の成長が持続的に加速し、安定した成長を得ることができます。

やってみよう！ 今後、得た収益の一部を「再投資用」として分けておくようにしましょう。新しい講座やスキルの学びに再び投資し、ビジネスの成長サイクルが継続していくような仕組みを作ると、長期的な成長が期待できます。

何のために稼ぎたいの？
幸せをお金に換算しない

14 自分の幸せの基準をお金だけに依存しない

「あなたにとって、幸せの基準は何でしょう？」

ここは人によって価値観が違うところだと思います。

例えば、幸せを「経済的な豊かさ」だと答える人もいるでしょう。

ちなみに、私はお金に対して「**自分で選択できる人生を送るために必要なツール**」だと考えています。

【お金はツールであって、目的ではない】

お金がなくて自由な選択をできなかった子供時代が私にはあるので、お金はすごく大切に思っています。だからこそ、自分の幼少時の経験を踏まえて、一人でも多くの女性起業家が稼げるよう、その手段を皆さんにいろいろお伝えしています。

お金がなくて困るのは幼少期だけのことかといえば、そんなこともありません。50代や60代の女性に対象を絞って考えたとしても、残りの人生をもう一度生き直したいならば、年金だけでは足りないですよね。

お金で時間を買うこともできる

私は、「時間」を大事なものとして考えていますが、**お金で時間を買う**こともできます。例えば、掃除や庭の手入れをする時、プロにお金を払ってお願いすれば、自分の時間を使わなくてすみます。その分、違うことができる。

そして、そういう選択をできるようになると、本当に自分がやりたい仕事、行きたい場所や会いたい人に会いにいくことができるようになるので、やはりお金は便利なツールなのです。

ただし、お金に固執しすぎてしまうのもよくありません。

人生のある時期、節約をしなくてはいけない時期もありますが、そこだけに執着するのはやめましょう。お金を稼ぐのは、楽しく使うことが目的のはずなのに、**お金を稼ぐことそのものが目的**になってしまうからです。

あなたの幸せの基準をもう一度考えよう

使うことによって、自分の人生をごきげんな状態にしていくためのツールとして使うというのが、私の考える正しいお金の使い方です。

ちなみに、**私の幸せの基準は、自分が自由であること。**好きなところに行って好きな人と会うこと。そして、好きな仕事をすることです。

あなたの幸せの基準は何なのかを考える時、お金がどういう役割を果たすのかを併せて考えると、幸せな人生を送れることになります。ぜひ、今一度考えてみませんか？

「お金＝幸せ」ではない、自分の軸を持つ大切さ

お金があれば、生活が豊かになり、選択肢が広がることは事実です。

しかし、その一方で、「お金があるから幸せ」という単純な図式にとらわれてしまうと、見失うものも多くなります。幸せとは、本来一人ひとりが定義するものであり、**誰かの基準や世間の価値観ではありません。**

お金だけに依存せず、あなたにとっての本当の幸せを、日常の生活から見つけていくことが、より充実した人生に繋がると思います。

今すぐできる！アクションプラン

1・自分の「幸せの基準」を再確認する

まず、自分にとっての幸せがどんな状態なのかを考えてみましょう。仕事や生活の中で、何をしている時が最も満たされ、**どんな瞬間が幸福に感じるか**を明確にすることで、日々の行動が「自分の幸せのため」になっているかどうかを見直すことができます。

やってみよう！ 1年に一度でよいので、しっかり時間を取って「**自分の幸せの基準**」を3つ書き出してみましょう。例えば、「自由に時間を使えること」「好きな人と過ごすこと」「自分のペースで仕事をすること」など、自分の心から望む幸せの条件を見つけることが大切です。

2・お金を「ツール」として考える練習をする

お金は幸せのための「手段」と捉え、使い方を考える練習をしましょう。自分の幸せを満たすために、どのようにお金を使えばよいかを具体的に考え、無理な節約や無駄な使い方を避けるよう意識することが大切です。

やってみよう！ 次に何かにお金を使う際、「これは私の幸せのために使うべきお金か否か？」と自問してみましょう。例えば、時間を節約するためのサービスや学びへの投資は、自分の時間や幸福に繋がるかどうかを考えて判断することで、より価値のあるお金の使い方ができます。

3・お金の「役割」を見直してみる

お金の役割を「**生活のためのツール**」と捉えることで、お金そのものへの執着を手放すことができます。自分の時間や人間関係、心の充実を優先することが、自分の幸福感を高めると理解し、目の前のお金の使い方をもう一度見直してみましょう。

やってみよう！ 今月の支出を振り返り、「自分の幸せ基準に沿ったお金の使い方ができているか」を確認してみましょう。もしも「**自分の幸せ基準に合わないお金の使い方**」が多いと感じた場合は、どのようにお金を使えば時間や心の余裕が増えるかを考え、来月以降の支出を調整する参考にしてみてください。

コラム：高額講座を初めて作っても成功する人の秘訣

高額講座のイメージは人によって異なります。特に起業初期の人にとっては、3万円でも高額と感じるかもしれません。お金をいただくということだけでもドキドキする人が多いからです。

もちろん、まったく経験がない状態でお金をいただくのは忍びないと思うなら、無料モニターからスタートして徐々に金額を上げていく形でも構いません。

ただしこの方法も、人が来ることが嬉しくなってしまうと、無料を有料にしたとたんに人が来なくなるのではという恐怖心を招きます。それで、ご自身のサービスに値段をつけられない人も多いのです。これもマインドブロックのひとつですね。

人から批判されることを回避したいマインドが値づけを邪魔する

過去に安い講座を提供した際、期待以上のサービスを求められて疲弊した経験はありませんか？　例えば、「これだけのお金を払ったのに、この程度のサービスなの？」とお客様に言われてしまうことを、起業初期の人は極端に恐れています。そのため、お客様が喜んでくださる価格をということで、どんどん値段を下げてしまいます。これは悪循環です。起業初期は特にこのスパイラルに陥りやすいのです。

逆に、簡単に高額講座を作っても上手くいくのが「そのお金を受け取ることができるマインドがある人」です。これは、すでにビジネスの経験があるなしにかかわらず、例えば私が「この内容ならこれぐらいの金額でいけるんじゃない？」と言えば、「そうなんですね！　はい、やってみます！」と言える人ですね。ご自身と私を素直に信じることができる人は、わりと簡単に販売して、しかも売れます。

そして、1回売れた経験があれば、当然次回からもその金額で売れますし、自分への自信もつきますから、その金額が基準値になります。

高額講座、例えば10万～30万円くらいのものを、経験がなくても売ってしまうのは、「価格ではなく価値で物事を見ることができる人」です。

起業初期だからこそ、価値にこだわりたい。ぜひ、あなた自身の価値をしっかり伝え、価格以上の満足を届ける喜びを実感してください。

第3章 使うマインド

稼ぎ始めたら意味のあることに投資せよ

惜しみなく使うお金に
あなたの品格が表れる

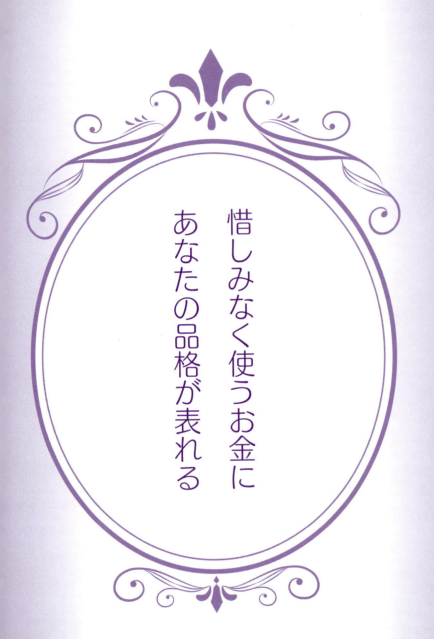

15 お金の品格はきれいにお金を使う姿勢から

お金の使い方には、その人の性格や価値観がものすごく出るものだと、私は思っています。

自分が豊かになれるものや、人を豊かにするもののために、丁寧にお金を使う。

――それができる人は、きれいにお金を使っていると感じます。

きれいにお金を使っている人のところには、いいお金が回ってきます。

「きれいにお金を使う」とは「自分のためにも人のためにも、よいお金の使い方をしよう」と意識することです。

きれいに使うお金は、他人も自分も豊かにする

例えば誰かにプレゼントを贈ったり、困っている人を助けたりするために使うお金。

つまり、虚栄心や偽善ではなく、真心に基づいたお金は、気持ちよく使えるものです。

受け取るほうにも、気持ちよく受け取ってもらえます。

その結果、後にご縁が繋がるなど、お金が違う形になって循環します。おそらくそれは、

感謝や喜びになって返ってくることが多いでしょう。

必要以上にケチケチすると、お金が貯まらない

あなたは、1円単位にこだわる人って、お金が貯まりそうだと思いますか？

あまり細かいお金の使い方をする人ほど、むしろお金が貯まらない。人からもさほど感謝されていない傾向にあります。

お金の使い方は「お金の品格」であり、それは、その人の人格に連動してきます。

「お金の品格＝人格」だと私は思います。

あなたが、人やお金に好かれたいと思うなら、お金の使い方、つまりお金の品格にもこだわる必要があります。

ここでひとつカン違いしていただきたくないのは、「自己犠牲」を払って、自分は貧しくてもよいから人にお金や物資を渡しなさいと言っているわけではないということです。

嫌々お金を手放すと、負のオーラが乗ったお金が流通することになります。

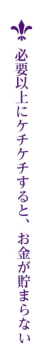

それは、時に相手のほうにも負のエネルギーが届いてしまうことになりかねません。だから、お金を手放すときには、心から「いいと思えること」にお金を使ったほうがよいのです。


あなたは本当に自分が喜べることにお金を使っていますか？

そしてもしも、誰かのためにお金を使う時にも、**あなた自身が喜んで**そのお金を差し出しているでしょうか？

ビジネスが上手く回っている人は、お金の使い方がとても上手だと実感しています。

私自身も常に意識していることですが、**「お金の品格」という観点**から、あなた自身のお金の使い方を、改めてもう一度見直してみませんか？

今すぐできる！アクションプラン

1・「自分のために使うお金」を見直す

自分を豊かにするためのお金の使い方を考えましょう。例えば、学びや自己投資、心が満たされる趣味やリラクゼーションへの支出を検討します。これらは一見贅沢に思えるかもしれませんが、自分自身を成長させ、満足感を得るためには欠かせない投資です。

やってみよう！ 3カ月以内に「**自分を豊かにするためのお金の使い方**」を1つ実行してみましょう。例えば、興味のある講座に参加する、本を購入する、リフレッシュのための旅行を計画するなど、心が豊かになる体験に投資してみてください

2・「他人のために使うお金」を意識する

誰かを喜ばせるためにお金を使うことを意識してみましょう。贈り物や寄付、困っている人を助けるための支出など、心から「このお金は意味がある」と感じられる使い方をすることで、自分も相手も豊かな気持ちになります。

やってみよう！ 大切な人へのプレゼントや、誰かの役に立つためにお金を使ってみましょう。その際、「**喜んでお金を差し出している自分**」を自分自身がしっかり感じて、気持ちよくお金を手放してみてください。

3・「お金の品格チェックリスト」を作る

自分のお金の使い方を振り返るために、「**お金の品格リスト**」を作りましょう。このリストには、「自分を豊かにするために使ったか」「他人を豊かにするために使ったか」「心から納得して使ったか」などの項目を含め、自分でお金の品格を意識してみます。

やってみよう！ 実際に1回やってみましょう。お金の使い方を振り返るチェックリストを作成し、どの項目に当てはまる使い方ができたかを自己評価してみましょう。

手放す勇気が
未来を開くカギに

16 何かを失えば何かを得られる不思議

「何かを失えば、空いたスペースに新しいものが入ってくる」

頭ではわかっているし、聞いたことがあるし、知っている。

ただし、これを実行に移せるかというと、これまた別問題です。

やはり、何かを失うこと、手放すことに対する恐怖ってありますよね。

ですが、その恐怖心は、**新しいものを取り入れるための場所を作ることを妨げている、残念なマインド**なのです。

成長する時、別れと出会いがセットでやってくる

私にも経験がありますが、職業や勤め先を変えると、付き合っている人との関係が自然消滅していくケースがあります。

自営業の場合でも同様に、事業内容を変えたり、レッスン内容を大きく変えたり、新しい講座を作ったりすると、「人との別れ」は起こりがちです。これまでの生徒さんが通って

くれなくなるのも、よくあることです。

けれども、先に手放す、つまり失うことによって体が身軽になって、かえって新しいステージに上がっていけるものです。

成長には「別れと出会い」がセットでつきもの。

あなたが成長できるタイミングが来たら、居心地のいい場所を探しながらも、失うことを恐れずに進んでいく心構えが必要になるのです。

そして、実はお金にも同じことが言えます。

先にお金を使う、つまり**「大切なモノ・コトにお金を使う（失う）」**という状態を作ると、それによって人との出会いが増えます。

そして、新たな知識が増えることによって新しい事業のヒントが得られる、ということも起こり得ます。

恐怖と戦い、打ち勝てた時、新しい世界の扉が開く

それは、先に失うこと、手放すことに対する恐怖と戦い、打ち勝つことができるかどうか。打ち勝った人だけが、新しい世界の扉を開くことができるのです。

この時のポイントは「**先に失う（手放す）**」という点です。
未来の自分をどこまで信じられるか、未来に投資できるのか。

【覚悟を持って手放せる勇気ある人に、新しい可能性は開けていく】

ただ、先に手放すことがなかなかできないのは、特に年齢を重ねた人に多い傾向です。

しかし、50代から新しい事業を始めたいと思う人ならなおさら、手放す勇気が必要になってきます。若い時のほうが失敗のダメージは少ないと世間的には言われていますが、これは50代60代になっても原理原則は一緒です。

何歳になっても失敗を恐れずチャレンジすることができる人は、本当に欲しい自分の人生を見つけることができて、上手くいきます。「**何かを失うことで、何かを得られる**」という不思議な現象が起こるのです。

もちろん、新しい世界を開く過程で人との別れを経験することもあるでしょう。私も何度も経験してきました。人生の最期には地位も名誉も財産もあの世に持って行くことはできません。

だとすれば、失うことを恐れずに、なるべく**しがらみのないシンプルな生き方**をするのが「粋な大人」だと思いませんか？

今すぐできる！アクションプラン

1・「手放すべきもののリスト」を作成する

自分が今抱えているものの中から、もう必要ない、または執着しすぎているものをリストアップしましょう。人間関係や使わなくなった物、あるいは思い込みかもしれません。手放すことで空いたスペースに、新しいものが入ってくる準備をします。

やってみよう！ 今月中に「**これを手放してもいいかもしれない**」と思うものを3つリストアップしてみましょう。それが物であれば寄付や処分、人間関係なら自然に距離を取るなど、小さな行動から始めてみてください。

2・「先に失う」行動を試してみる

自分が一歩先に進むために、何かを失う、または手放す行動を意識的に試してみましょう。例えば、新しい学びのために時間やお金を先に投資する、あるいは慣れ親しんだ環境を変えて新しい挑戦をすることで、変化の可能性を受け入れる体験をします。

やってみよう！ 何か1つ、新しいことに挑戦するための「**先行投資**」を行ってみましょう。講座への申し込みや新しいスキルの習得、または、誰かの夢を叶えるために自分のお金を出してみるなど、今までやったことのないチャレンジをしてみましょう。

3・「失う恐怖」と向き合う

失うことに対する恐怖を和らげるため、自分の中にある不安や懸念をノートに書き出し、それを冷静に見つめ直してみましょう。そして、それが本当に自分を守るために必要なものなのか、それともただの思い込みなのかを考えてみます。

やってみよう！「**もしこれを失ったらどうなるか？**」というものを1つ書き出してみましょう。それぞれに対して、自分がどう対応できるか、どのような新しい可能性が生まれるかを具体的に考えてみることで、突然訪れるかもしれない喪失感に対する心の耐性が生まれます。

そのお金、あなたを
豊かにしていますか？

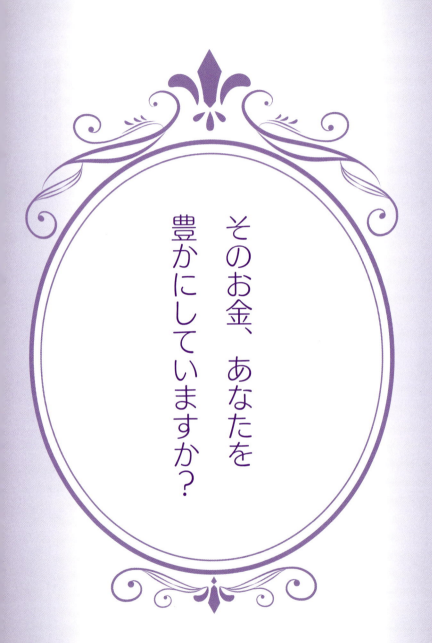

17 自分を癒すお金の使い方、間違ってない？

【ストレス発散は一瞬、自己投資は一生】

⚜お金の使い方にも、投資と浪費がある

「自分にご褒美」という時のお金の使い方にも、２つのタイプがあります。

投資に近い使い方ができるタイプの人と、浪費に近い使い方をするタイプの人に分かれるのです、

まず、事業経営で得た利益は、なるべく意味のあること使ったほうがよいのは当然です。

もちろん、たまには無駄金を使うのも悪くないのですが、自分を癒すために使うお金だとしても、悪いお金の使い方があります。

例えば、**一時的な満足のためだけに使うお金**。

それは、自分に何かが残るわけでもなく、誰かを喜ばせるわけでもなく、単にストレス発散や、目の前の嫌なことから逃げるためだけに使うお金です。

あるいは、周りに見栄を張って、自分をよく見せるためだけに使うお金。

一方、**自分を癒すためのお金**ですが、これにもいろいろな使い方があります。

心を整え、リラックスするための旅行や、心地よく暮らすための空間を彩るインテリア。

または、体の健康を維持するためのケアなど。

未来の自分を作るための投資に近い使い方なら、よりよく事業が回っていきます。

⚜未来への投資は、ギャンブルじゃない！

やはり、**回収率、リターン率が一番高いのは「自己投資」**です。

お金を使う時は、それがあなたにとって、どのような形で未来に繋がっていくかを考える習慣をつけてください。

未来への投資とは、未来の人生を広げるための、勇気ある選択でもあるのです。

正しいお金の使い方と、悪いお金の使い方は確実に存在します。どんなことにお金を使っていくのか、そこを間違えないことです。自分を癒すためにお金を使うとしても、あなた自身が豊かになれる方向にお金を使っていく心がけを持ってください。

また、成果を得るために、学ぶことへ自己投資するのは身になるものが多いのですが、「不安から逃れるかのように」学びを繰り返すのはお勧めしません。

最近多いなと感じているのが、いわば「セミナー受講漂流民」です。

次から次へとセミナーを受講するものの、行動に繋げることができない。

現状が変わらないことに悩みながらも不安があるから、ついまた受講してしまう。そういう人は要注意です。一見、自分を癒すためにお金を使っていると錯覚しがちですが、おそらくそのお金は**現実逃避に使っているだけ。**

未来への投資をきちんと回収することを意識して行動してみて下さい。

今すぐできる！アクションプラン

1.「投資と浪費を見極めるチェックリスト」を作る

支出するたびに、「これは**投資か浪費か**」を判断するためのチェックリストを作ってみましょう。今まで無頓着に使っていたお金の使途を、改めて認識するのに使います。

例えば、「この支出は未来に何をもたらすか？」「これが自分や他人を豊かにするか？」と自分に問いかけてみましょう。

やってみよう！ 支出の前にこのチェックリストを使用し、そのお金の使い道が本当に価値あるものかどうかを判断してみましょう。この習慣を取り入れることで、無駄使いを防ぎつつ、より効果的な自己投資ができるようになります。

2.「自分を豊かにする支出リスト」を作る

自分が「未来を豊かにするためにお金を使った」と思える経験やモノを振り返り、それらをチェックしてみましょう。これにより、癒しや自己投資の名の下で無駄使いをしていないか確認できます。リストは「**心を整える支出**」と「**一時的な満足の支出**」に分けるとわかりやすいでしょう。

やってみよう！ 過去3カ月間の支出を振り返り、自分が豊かになるために使ったお金と、単なるストレス発散や見栄のために使ったお金をそれぞれ分類してみてください。このリストを作成することで、今後の支出の方向性を見直すきっかけになります。

3・「未来への自己投資プラン」を立てる

自分を成長させるための具体的な投資プランを作りましょう。重要な点は、新しいスキルの習得や人脈を広げるための活動、健康やメンタルケアなど、**長期的なリターンが見込める投資**に焦点を当てることです。

やってみよう！ 「自分を成長させるために必要な投資」を1つ実行してみましょう。例えば、結果を出すことにフォーカスした新しいスキルを学ぶ講座への参加、健康維持のためのケアなど、具体的なアクションを起こしてみてください。

未来は今しか作れない
過去なんてどうでもいい

18 今のあなたの姿は過去のあなたの結果

あなたは、今の自分に満足していますか？

さて、これからさせていただくお話は、もしかしたらあなたにとって少し耳の痛い話かもしれません。

例えば、今のあなたの姿は、あなた自身から見て満足できない状態だったとしましょう。

それは「**過去のあなたが作った**」ものです。

過去のあなたの行動が、今のあなたの体型です

例えば、ダイエット。

今、あなたが自分で「太っている」と思うなら、過去に太った体を作る生活をしていなかったかどうかです。スナック菓子やポテトチップスをたくさん食べて、炭酸飲料をガブ飲みするなどの暴飲暴食。それに加えて運動不足。普段からそんな「太りやすい生活習慣」だったら、やはり太ってしまいます。

もちろん、これは私も何度も経験していることなので、その気持ちはよくわかります。

ビジネスにおいて、集客ができていない、人が集まらないという場合も同じです。

過去に自分が何をやっていたか。ここを振り返る必要があります。

集客が上手くいっていない場合は、大抵2、3カ月から半年前に活動した内容が、集客に直結するものにあまりなっていない。あるいは、そもそも活動量が少ない、といった原因が見えてきます。

「今、上手くいかなくなる行動」を、確実に過去にやっているのです。

ということは、今現在お金がないという場合も、過去にお金がなくなるようなことをやっている……。

自分が使ったのか、親の借金を自己破産などの形で引き取っているのか、誰かに騙されたのか、原因はさまざまでしょう。

いずれにしても、過去の行動に要因があって、お金がない今の状況を作っていることだけは確かです。

お金持ちになる準備は、お金のない今のうちから

【未来は今しか作れない。過去はどうでもいい】

日々の小さな決断の積み重ねが、大きな未来の方向性を決めてしまいます。

お金にしても、人生観にしても、活動にしても、全部自分の未来に繋がっている。

だからこそ、**今、どんな選択をするべきなのか**。それを一つひとつ丁寧に考え実践していくと、未来は必ず明るいものに変わっていきます。


今の自分は、過去の自分が作り出したもの。

だとすれば、**未来は今の自分が作れる**ということ。

それはある意味、希望だと思いませんか？


――いつだって今が未来を作る。

その気持ちで、日々を大切に過ごしていきましょう。

今すぐできる！アクションプラン

1・過去の行動を振り返り、現状を把握する

今の自分が置かれている状況を作り出した**過去の行動を、冷静に振り返りましょう。**例えば、健康状態、ビジネスの成果、財務状況などについて、どんな選択をしてきたのかを具体的に記録します。過去の行動が現在にどう影響しているのかを理解することで、未来をどう変えていくかの指針が見えてきます。

やってみよう！ 今日、過去3～6カ月の行動を振り返り、特に気になることを1つトピックとして取り上げて、それが今の自分にどう繋がっているのかを書き出してみましょう。健康、仕事、金銭面など気になるトピックの具体的な事例を思い出し、それがどのような結果になったのかを分析してみてください。

2・「未来を作るための今日の選択」を明確にする

未来をよりよいものにするための、今日の行動を1つ決めましょう。それは健康的な食

事や、ビジネスのための新しいアイデアの実行、または無駄使いを減らすなど、小さな一歩で構いません。毎日の小さな選択が未来を作るという意識を持つことが重要です。

やってみよう！
今日からできる「**未来を変えるための1つの行動**」を実践してみましょう。例えば、健康のために15分歩く、集客のためにSNSに1投稿する、無駄使いをしないなど、シンプルで続けやすいものを選んでください。

3・「今の行動が未来に繋がる」と意識する習慣を持つ

日々の行動が未来の結果を形作ることを意識するため、毎晩寝る前に「今日の選択が未来にどう影響するか」を振り返ってみましょう。習慣化できると、未来に向けて効果的な行動を続けるモチベーションが保てます。

やってみよう！
今日から「一日の振り返りノート」をつけてみましょう。ノートには「**今日の行動が未来にどう繋がるか**」「**明日どんな選択をするか**」を、ワクワクする気持ちで簡単に書き出し、翌日の行動計画に活かしていきます。

お金を沼に置いてない？
お金は川に置いて価値が出る

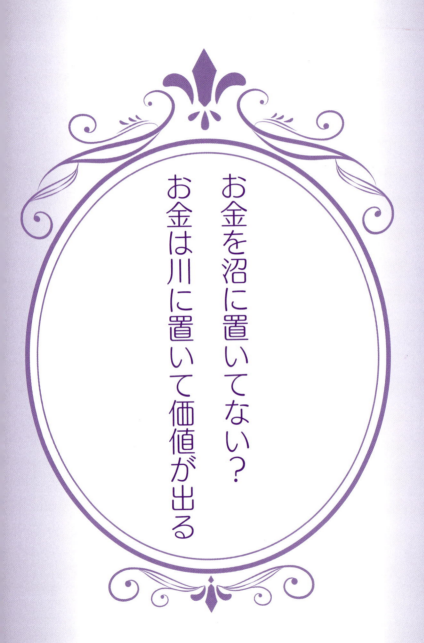

19 あなたのお金の循環は川、それとも沼？

川と沼。この2つにはどんな違いがあるでしょうか？

簡単に言えば、スムーズに**水が流れているのが川。水がとどまっているのが沼**です。

では、あなたのお金は、川のようにスムーズに流れていますか？

お金の使い方や管理の仕方の違いは、人生の豊かさに大きな影響を与えるのです。

お金が流れることで。新たな価値が生まれる

お金は、流れている時にこそ価値を持ち、エネルギーとなります。

それでは、自分のお金は川のように流れ続けているのか？

お金が川のように流れている場合には、自分の使ったお金が誰かの役に立ち、その誰かが、また次の人に循環させてくれることで、新たな価値が生まれていきます。つまり、川のように流れるお金は、出ていった分だけ、また新しい形で自分に返ってくるという好循環を生み出すのです。

一方で、お金が沼のように滞っている状態はどうでしょうか？

お金がなくなることに恐怖を感じて、使わなかったり、必要以上に節約しすぎたりしているると、沼の状態とほぼ変わりません。


その結果、お金はそれ以上の価値を生み出さないのです。

お金は、流れを生むことでその価値が最大限に発揮されます。そんな循環を作っていくのが人生であり、ビジネスをやっていく意味になります。

自分を豊かにすることが、人を豊かにする第一歩

あなたがお金を使う時、このお金を川の流れのように循環させられるのか、価値を生み出せるのか、そこを考えた上でお金を使うことをお勧めします。

もちろん、お金を誰かのために使うのは素晴らしいことです。

しかし、まずは自分のために使ってください。自分が満たされていない人は、人を豊かにすることはできませんから。


【豊かにする順番は、まずは自分】

そして、自分が得たスキルや経験を、また誰かに分け与える。そのお金や価値が次の誰かに渡り、さらなる循環を生むのです。

お金を活かし、その流れを楽しむことで、あなたの人生には新しい豊かさが加わっていきます。**人生は、与えることと受け取ることのバランスで成り立っています。**そのリズムを楽しむことが、真の豊かさへと繋がります。

お金の循環を意識することは、自分の価値観を見つめ直す絶好の機会にもなります。何にお金を使う時に喜びを感じるのか、何に使った時に満足感があるのか。

それを知ることで、自分が本当に大切にしたいものが見えてきます。

さて、あなたは川のような人生の循環を生み出すために、今日からどんな選択をしていきますか？

今すぐできる！アクションプラン

1・「お金の流れ」を見直す

自分のお金の使い方を振り返り、それが川のように流れているか、沼のように滞っているかを確認しましょう。お金がどこで滞っているのかを見つけ、必要以上に貯め込んでいないか、または無駄使いをしていないかを整理します。

やってみよう！ 試しに、今月の支出をリスト化し、「価値を生む支出」と「ただの浪費」に分けてみましょう。例えば、**自己投資や人を喜ばせるための支出**がどれくらいあったかを可視化し、お金の流れを確認します。

2・「循環を生む支出」を増やす

自分や他人を豊かにするためのお金の使い方を意識して、循環を生む支出を増やしていきましょう。例えば、スキルアップのための講座に参加したり、誰かのためにプレゼントを贈ったりすることで、お金が循環し、新たな価値を生み出します。

やってみよう！ 今週、何か1つ「**循環を生む支出**」をしてみましょう。例えば、学びのための本を買う、誰かを応援するために寄付をするなど、少額でも構いません。お金を使うことで、次のステップに繋がる体験を意識してみてください。

3・「自分を満たす支出」を大切にする

お金の循環を促すためには、まず自分が満たされていることが重要です。自分を豊かにするための支出を意識的に行い、心と体を整えましょう。満たされた状態で他人に価値を提供することで、より大きな循環が生まれます。

やってみよう！ 今月、**自分が満たされるためのご褒美を1つ設定**し、それにお金を使ってみましょう。リラックスできる旅行や健康のためのケア、自分の好きなものを購入するなど、自分を満たすことを意識的に楽しんでください。

移動するから収入アップ
場所にも時間にも縛られない

20 収入は移動距離に比例する

私の収入は、とあるきっかけで急上昇しました。

そのきっかけとは、「移動距離が増えた」こと。

移動距離が増えたら、経費もかかるのに、なぜでしょうか。

――これは私の実体験なのですが、経験がない人には、すぐにはなかなか信じられないかもしれません。

私がまだ駆け出しの頃、月商20万円くらいの頃の話です。

私のコンサルタントの先生の仲間やメンバーが、関西方面で3カ月に1回、グループ勉強会を自主的にやっていました。

その関西勉強会には成功している人ばかりが集まっていて、もちろんこれから立ち上げる人も来ていいよという勉強会で、有志の４人で幹事さんをやっていたのです。

どうしても勉強会に出たかった当時の私。

先輩たちがどうやって事業を上手く回しているのか、身近な目標値として話を聞きたくて、「行こう！」と思いました。

セミナー代は2000円程度なので何も問題はなかったのですが、交通費が往復3万円と、夜の懇親会にも参加すると1泊することが多かったので、それだけで2日がかりになります。お金も時間もかかるけれど、どうしても行きたかったので知恵を絞った結果、「旅先で仕事を作ろう!」と考えました。関西に行く時に、私のメルマガの読者さんなどに呼びかけて、関西の人を集めて集客セミナーをしたり、電子書籍講座とセットにして、移動費を何とか稼ぐようにしたのです。

⚜ 移動すると、アイデアや交流が増える!

すると、思いがけない副産物が生まれるきっかけに。

現地に行き「生きた知識を自分で取りに行く」ことによって、**自分の視野と人脈が広がりました。**

やり方を覚えたことで、勉強会がない地域だった東北に行ったり九州に行ったりと、さまざまなところに行って仕事をすることで、そこでの知り合いや生徒さんが増えていきました。すると、全国的に私を知ってくれる人が増え、結果的にそれが収入に繋がっていったのです。

気がつけば全国にファンができていた

土地柄によって、人気になる商品は全然違います。

その地方ごとに「人気になる商品と人気にならない商品」「人気のセミナーと不人気のセミナー」があるということは、その地方に足を運んで、その土地の人と喋って、懇親会で本音を聞いて初めてわかりました。まさに足で稼いだ知識と知恵です。

人との繋がりが増えることは、収入に直結していると実感した私は、クライアントさんにもこの体験を伝えました。

すると、収入の上がり幅がすごく大きくなったのです。

科学的な根拠はありませんが、実体験から「収入は移動距離に比例する」という、ひとつの方程式ができました。

これをやってみようと思う人は、私と同じように「移動して稼ぐ」ことにぜひトライしてみてください。思いのほか早く目標達成ができたり、あなたにとって大事なキーマンに会えたりできるかもしれません。

今すぐできる！アクションプラン

1．「移動する目的」を明確にする

収入アップのためには、単なる移動ではなく、**目的を持って行動**することが重要です。勉強会への参加、新しい地域でのセミナー開催、人脈作りなど、具体的なゴールを設定して移動を計画しましょう。

やってみよう！ 今年中に「行きたい場所」と「その地域でやりたいこと」を3つ書き出してみましょう。例えば、セミナー参加や現地でのイベント開催など、移動を活かす具体的なプランを立ててみてください。

2．「移動を収入に繋げる仕組み」を考える

移動に伴う経費を回収するため、**現地で仕事やイベントを組み合わせる仕組み**を作りましょう。メルマガやSNSを活用して現地の人々にアプローチすることで、移動が収益のチャンスに変わります。全国にファンが増えることは、後々あなたの事業を大きくしてい

く上でとても大切な活動になります。

やってみよう！　次回の移動時に、「現地で開催できるイベントやセミナー」を１つ計画してみましょう。移動費を稼ぐための講座やミニセミナーの告知を、ＳＮＳやメルマガで発信してみてください。または、現地でアシストしてくれるボランティアスタッフを募集するのもよいでしょう。

３・「現地で人脈を広げる」行動を意識する

移動先で人と交流し、**新しい繋がりを作ることで、収入アップの可能性**が広がります。懇親会や勉強会など、積極的に参加して、現地の人と本音で話をしてみましょう。

やってみよう！　出張時に、参加したいイベントや勉強会を１つ見つけ、実際に申し込んでみましょう。現地で初めての人と話し、名刺交換や連絡先の交換をするなど、人脈作りに一歩踏み出してみてくださいね。

この時にポイントになるのが、「**体調管理**」です。現地では、いつもよりも移動や気疲れで体力を使います。普段から移動に耐え得る体力を身につけておくことも大切です。

コラム：50歳の「学びの投資」の考え方

50代からの起業で成功するために、どれだけ「学びの投資」が重要か考えたことがありますか？　私に相談する人を見ると、大きく2つに分かれるように思えます。

1つ目は、あまり下調べもせずに100万円以上の起業塾にポンとお金を払ってしまって、内容についていけず、最初の資金を無駄にしてしまうタイプ。起業塾だけではなく、集客や経営のコンサルタントに支払う場合でも同じです。

つまり、その学びが自分に合うかどうかもわからない状態で、いきなり高額を投資してしまうのです。一方、適切な投資をすれば短期間で大きな成果を得られることもあります。大切なのは、事前に信頼性や実績をしっかり確認することです。

2つ目は真逆のパターンです。菓子や料理の教室、製菓学校や専門学校のスキルの学びには、数百万から1000万円近くのお金を投資するわりには、経営系の学びには10万円以上払うのも躊躇する人。

こういう人は投資のバランスがとても悪く、本当に大切な学びは、お金をしっかり払わない限り得ることができないことがわかっていない。何とか無料の情報だけでどうにかやっていく方法を探るあまり、かえって時間がかかったり、間違った方向に進んでいても本人が気づかなかったりして、結局遠回りになるタイプの人たちです。

「学びの投資」は、回収を見据えて行うこと

起業して稼ごうと思うのであれば、ある一定の「学びの投資」は必要です。特に今までやってきていない分野であればなおのこと。目安としては、起業1年目であれば、50万円から100万円くらい必要かもしれません。

ただし、この時に必要なマインドセットは、【必ず回収も見据えて学ぶこと】です。

例えば、クライアントさんには「5倍回収」のイメージで伝えています。この意識を持って投資するなら、そんなに安直に起業塾やコンサルタントのところを転々とできるはずがないのです。よく転々と場所を変える人は、「学ぶことで、自分ができていないことへの不安感を消化している」ように見えます。学びは投資、そして投資は未来への準備です。50代からの起業は新しいスタート地点。この投資が、次の10年を成功へと導くカギとなるのです。

ぜひ、自分に必要な学びを見極め、結果を出す決意を持って挑んでください！

第4章

貯めるマインド

豊かであり続けるためにすべきこと

あの人が出来ていて
あなたが出来ていないこと

21 信頼は一夜では作れない

「SNSで集客ができません」

皆さんの相談に乗っていて、これが一番多い悩みです。

あなたが思う「SNSで集客できている人」って、どういう人でしょうか？

――何も、特別なテクニックを持っている人ではありません。

これは実は単純で、「人が全然集まらなかった時から、やめることなく1年、2年、3年と発信を続けている人」なのです。

毎日ブログを読んでもらえたり、ライブ配信を聞きに来てもらえたりするためには、1回発信したからってすぐに信じてもらえるわけじゃない。

けれども「集客できていません」という人に、信頼してもらうためにどのくらい発信をしているか聞いてみると、**人気があって人が勝手に集まっている人の発信量・行動量から比べると、ほぼしていないに等しい**ことが多いのです。

私が知っている、ものすごくファンが多くいる人気のある人は、例外なく、ほぼ毎日何か発信しています。月曜日から金曜日、どころか、何なら7日間全部という人も。

見てくれる人は、もしかしたら2日に1回かもしれない。それでも人数に関係なく、とにかくフォロワーさんのために、**楽しいことや役立つことを「発信し続ける」と決めて実践できている人なのです。**人が共感しやすいメディアなので、起業初期こそ地道に攻略したい集客ツールでもあります。

⚜モノ消費からコト消費へ

人はなぜ、モノを買うのか？ その理由は2つあります。

その人が信頼できるからか、その人が好きだから。モノを買う動機って、大体このどちらかです。

「機能がいいから」で買われる時代は、もう終わったに等しい。もちろん機能で買う人もいますが、何を買うかより、誰から買うかのほうが、今の時代は特に重要視されています。

「モノ消費からコト消費へ」時代も変わってきています。

あなたから買うことによって、何が体験できるのか。あなたならではの独自のメソッドもあるかもしれないし、または他社が扱っているような同じ商品でも、あなたから買うと嬉しいし、楽しくなれる。そんな、共有できるという喜びを提供できるかどうかが、これからの時代は重要なポイントになっていきます。

商品やサービスの品質はもちろんですが、あなたから買ってもらうために必要不可欠な「信頼」は、ちょっと何かを発信したレベルでは得られないということです。

お金を貯める＝信頼を貯める

信頼は、一夜では作れません。

さすがに一夜でできると思っている人は少ないと思いますが、月に4回ぐらい発信したところで、そんなのは忘れられてしまいます。**最強は、毎日発信している人。**

【お金を貯める＝信頼を貯める】

信頼貯金の残高がマックスになった時、それを引き出そうと思ったら、一気に申し込み数や売上が上がるというのが集客のメカニズム。

ですから、**反応があろうとなかろうと、コツコツと役に立つことを発信し続ける。**これが信頼を作る一番の肝なのです。

今すぐできる！アクションプラン

1・「継続する力」を身につける

信頼を築くには、少しずつでも発信を続けることが必要です。反応が少なくても、未来のファンを想像しながら、継続的に発信を行う習慣を作りましょう。

最初は1週間に一度、次に3日に一度、そして毎日という具合に、少しずつ継続習慣をアップできればよいと思います。


やってみよう！ 今週、3日間だけ「**決めた時間に発信する**」チャレンジをしてみましょう。例えば、毎日夜8時に投稿するなど、ルーティン化して継続力を育てます。

2・「役立つ＆楽しい発信」を意識する

発信内容がフォロワーさんにとって「役に立つ」「楽しめる」ものであることを意識することが、信頼を貯める近道です。具体的で共感を得られる内容が好まれます。

あなたのフォロワーさんにとって、どんなことが楽しくて役に立つことでしょうか？

改めてお客様像を見直してみてくださいね。

やってみよう！ 次の投稿で、「フォロワーがすぐに使えるヒント」や「楽しいエピソード」を共有してみましょう。例えば、簡単なテクニックの紹介や日常の気づきなど、実践的で共感を呼ぶ内容が効果的です。

2種類の投稿を2日に分けて、まずはチャレンジしてみましょう！

3・「フォロワーさんとのリアルな関係」を築く

単なる情報提供ではなく、フォロワーとコミュニケーションを取ることを心がけましょう。コメントへの返信や、相手の投稿への反応が、信頼関係を強化します。

特にお勧めは、**ライブ配信**です。慣れない人は緊張するかもしれませんが、やってみると案外楽しいですし、商品・サービスの売れ行きは圧倒的にライブのほうがよくなります。

やってみよう！ 1日1件、フォロワーからのコメントや質問に丁寧に返信してみましょう。また、「いいね」をくれた人の投稿に感謝のコメントを残すなど、小さな交流を積み重ねてください。質問などは、それを拾って次のライブのネタにするのもオススメです。

見栄のためなら1円も使わない
成長するなら1円を惜しまない

22 偽りの自分のためにお金は使わない

あなたは今まで、誰かの期待や評価のために、お金を使うことってありましたか？

例えば、気が向かない飲み会やパーティがあったとして、出席すると自分は周囲からどう見られるのか、欠席したらどういう評価になるのか、自分自身で理解した上で、断るのか嫌々でも行くのか、判断しなければなりません。


実はこれ、**お金を使う価値観のひとつになるポイント**です。

もちろん、ある程度の付き合いは必要になる場合もありますが、それを繰り返していると、あなたにとって大事な時間もお金も、どんどんなくなっていきます。

気が向かない飲み会やパーティにお誘いを受けた時、相手を傷つけないように、上手に断るスキルは必要です。

見栄のためにお金を使うと心がすり減る

他人の期待や評価を気にするのではなく、自分の心を満足させることや本当に望んでいることにお金を使わないと、どんどんお金は減っていきます。しかも、時間もどんどんなくなってしまいます。さらに、見栄のためにお金を使うと、心の豊かさもどんどんすり減っていってしまいます。**偽りの自分のためにはお金を使わないことが大事。**

ですからお金を使う前に、自分の心に聞いてみてください。

「これは自分が本当に望んでいることなのか？」

- **他人の目や評価を気にしないで、自分の価値観でお金を使う。**
- **自分の成長や、幸福感に繋がることにお金を使う。**

この2点を守っていくだけでも、必要なところにしかお金を使わなくなるので、お金が貯まっていきます。

「何だか知らないけど、いつの間にかお金がなくなっちゃう……」

今、あなたがそう感じているなら、ぜひこの機会にお金の使い方をチェックしてみてください。

お金に無頓着な人は、実は本当に大切な場面、例えば未来の自分の夢を叶えるための学びへの投資を躊躇するわりには、その時の快楽や一時的な見栄のための浪費には気前よくお金を使います。

お金の使い方にもその人の品格が表れます。

もしもあなたが、知らない間にお金がなくなるなと思うことがあるならば、自分を労わったり大切にしたりすることに改めて考えを巡らせてください。

すると、自分が本当に使いたいところにお金を使えるようになると同時に、あなた自身の輝きが増し、**心も豊かになり、ビジネスが循環し始める**のを実感できると思います。

今すぐできる！アクションプラン

1・「お金の使い方を見直す」時間を取る

自分のお金の使い方を振り返り、**「他人の期待や評価のために使ったお金」**と**「自分の満足や成長のために使ったお金」**を整理してみましょう。見栄や虚栄心のために使っていたお金を把握することで、無駄使いを減らす第一歩を踏み出せます。

やってみよう！ 自分の過去1カ月の支出をリスト化し、それが「自分のため」か「他人のため」かを、分類してみましょう。この振り返りを通じて、自分がどのようなお金の使い方をしているかを可視化してください。

2・「お金を使う前に自分に問いかける」習慣をつける

お金を使う際、「これは自分が本当に望んでいることか？」と自分の心に問いかける習慣を作りましょう。他人の目や評価を気にせず、自分の価値観に基づいた支出を意識することで、満足感のあるお金の使い方ができるようになります。

やってみよう！ 今日から、何かを購入する前に「**これは私が本当に欲しいもの？**」「これが未来の自分のためになる？」と自問自答してみてください。この習慣を続けることで、無駄使いを自然に減らすことができます。

3・「未来の自分のための投資」を計画する

自分の成長や幸福感に繋がる投資を優先するため、具体的な学びやスキルアップのための支出を計画してみましょう。未来の目標達成に向けて、お金を使うべき場面を明確にすることで、迷いなく行動できます。

やってみよう！ 今月中に「**未来の自分のために使いたいお金**」を1つ決めて、そのための具体的な計画を立ててみましょう。例えば、新しいスキルを学ぶ講座に参加する、本を購入するなど、成長に繋がる行動を起こしてみてください。

ごきげんの神様を心に持てば
豊かなお金が自然と貯まる

23 ごきげんの神様を心に持つ

これからお話する２択。あなたは、どちらのタイプでしょうか？

・嫌なことがあった時や、人から何かを言われた時、気持ちが落ち込んで何も手につかなくなるタイプ

・それはそれ、人は人ということで、自分なりの信念や考えを持つことによって、さほど人の意見に左右されず、特に落ち込まずにいられるタイプ

私は、どちらかといえば後者のタイプです。

もちろん、人に何か言われることによって少し嫌な気分になることもあります。

ですが、それによって感情が負の状態に陥ると、自分のしたいことの生産性が落ちることを知っているので、**気持ちをニュートラルに戻せるように普段から意識**しています。

そもそも、私の気分を悪くさせる人や、疑問に思う言動を取る人も、私に嫌がらせをしようと思ってしているわけじゃない。

単に、その人自身の性質ですので、いちいち怒ったり、落ち込んだり、嫌な思いをして自分の貴重な時間を消費してしまうことのほうがもったいないわけです。

ストレスを減らす心の持ち方とは

こういうことは、仕事上でもよくあります。嫌だなと思う人と一緒に仕事をしたり、苦手な仕事をしたりしていると、結局やる気が失せていったり、落ち込んだりしてしまいますよね。そんな時は、自分の気持ちを見つめ直してください。自分の感情に素直になって、小さなことでもいいので喜びを見つける。そして前に進んでいくことを、普段から意識しましょう。

ごきげんの神様をいつも自分の中に持っておけば、自分で自分を豊かな気持ちにさせることができます。

これってプライスレス、お金に代えがたい素晴らしい価値だと思いませんか？

ごきげんの神様を心に持つと、自分が本当にしたいことは何なのかがわかります。

「この人と今、付き合う必要があるのか？」

「この仕事は今からずっとやっていく必要があるのか？」

例えばこのように、自分に改めて聞いてみてください

自分の価値観を大切にすればお金が貯まる

ポイントは、**自分の価値観を大事にすること**。

ごきげんの神様を心に持つと、自分の欲求に素直になって、クリアにしていくことができます。すると、他人の価値観に左右されることがなくなり、ストレスも減ります。

その結果、無駄なお金を使わず、本当に豊かになれることにだけお金を使うことになる。

それは、一種の「**貯める**」**という感覚に近い状態**かもしれません。

- **自分の心にご機嫌の神様を持つ**
- **他人の価値観に左右されない**

お金と上手に付き合いたいのであれば、ぜひこの感覚を持ってみてください。

今すぐできる！アクションプラン

1．「ごきげんの神様」を意識する習慣をつける

毎日、自分が気分よくいられる瞬間や出来事を見つける習慣をつけましょう。小さな喜びや満足を見つけることで、ポジティブな心の状態を保つことができます。

やってみよう！ 今日の終わりに、「**自分がごきげんになれた3つのこと**」を書き出してみましょう。例えば、美味しいコーヒーを飲んだ、気持ちのよい天気だった、誰かといい会話ができたなど、日常の小さな幸せを意識してみてください。

2．「価値観に基づいた選択」を練習する

他人の価値観や意見に左右されることなく、**自分の価値観に基づいて選択をする練習**をしましょう。特に、お金を使う時や行動を決める時に、「これは自分のためか、他人のためか」を意識することが重要です。

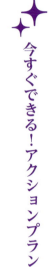

やってみよう！ 何かを決断する際に「これは私が本当にやりたいことか？」と自問する習慣を始めてください。特にお金を使う時には、その支出が自分の価値観に沿ったものかどうか確認してみましょう。

3・「ストレスの元」を見直し、整理する

自分の気持ちを落ち込ませたり、ストレスを引き起こしたりする要因をリストアップし、それが本当に必要なものかどうかを見直しましょう。必要でない場合は、それを手放す選択をして、自分のごきげんを優先する環境を整えます。

やってみよう！ 今週中に、**自分が感じているストレスの原因を3つ書き出し**、それにどう対処するか考えてみましょう。例えば不要な付き合いや、やりたくない仕事があるなら、それを減らす方法を模索してみてください。

人と比較するのって
意味なくない？

24 人と自分を比較しない

私の幼少期は、お金がなくて経済的に不自由な状態でした。

普通に、好きな洋服を着て、習い事をして、綺麗な広い家に住んでいる友人を、正直うらやましいと思ったこともありました。

それがもっとひどくなると、相手に対する嫉妬ややっかみになるのかもしれません。また逆に、そんな友人と自分を比べて落ち込んでしまう人もいるかもしれません。

そんな環境ではあったのですが、幼少期の私は少し変わった視点を持っていたので、落ち込むことはありませんでした。

友達はうらやましい。けれど落ち込まなかった理由

なぜ落ち込まなかったのかというと、**「その時の自分にできることには、限界がある」**と感じていたからです。

たとえ落ち込んだとしても、事態は何も変わらない。

私が落ち込もうが落ち込むまいが、家はいきなり裕福にもならないし、親も変わらない。相変わらず父親は借金を繰り返すし、狭く汚い借家住まいからすぐに出ていく手段も経済力もない。子供の私は非力でした。

【自分で変えられないものは、どんなに落ち込んでも変えられない】

――であれば、子供の自分に今できることは何だろう。

将来、ちゃんとお金を稼げる人になり、自分の人生を自分で作れる人になる!

小学生くらいの頃から、そんな感覚を持っていました。

私には、我が身と他人と比較して落ち込んでいるような暇なんてありませんでした。勉強ができないと、きっとお金を稼ぐこともできないだろう。頭が悪いよりはいいほうが人生の選択肢も増えるだろうと考え、勉強は一生懸命やっていました。

きっとそれが幼少期の私にできる唯一の未来への光だったのでしょう。今から思うと、そこに居場所を見つけていたのだと思います。

5歳年下の弟の面倒も見ていましたので、自分の時間もそんなに多くはありません。「**人と同じことをできないという不自由さの感覚**」が、逆に私の今を育てているのかもしれませんね。

もともと、人と同じことができないという環境から、人と比べないというマインドが育っていきました。

変えられないものを受け入れ、あなたのペースで進んでいこう

自分は自分、人は人。自分のペースでしか、物事って動いていきません。

あなたより、成功している人もいるでしょう。

ですが、他人の状況や背景、ペースは、あなたと全然違う。

自分のペースでコツコツちゃんと前に進んでいけばいいんだと気づけば、あまり人と比較しなくなります。そうなると、お金の使い方や、お金との付き合い方も、ちゃんと上手になっていくものなのです。

人と自分を比較するのではなく、あなた自身がどのように成長したかに合わせたお金の使い方をすればよいと、私は思っています。

身の丈に合ったお金の使い方を知るというのは、大人でも子供でも年齢に関係なく大事なことだと、50歳を過ぎたこの年齢になって、改めて実感していることです。

今すぐできる！アクションプラン

1・「比較を手放す」意識を持つ

他人と自分を比較することは、エネルギーの無駄使いです。比較をやめ、自分の価値観や目標に集中することで、より自分らしい成長ができます。まずは、他人と比べていると気づいた瞬間に、意識的に「自分の強み」や「成長した部分」を見直してみましょう。

やってみよう！ 他人と自分を比較していることに気づいた瞬間を3つ書き出し、その代わりに「**自分が今までに成長した点**」を3つリストアップしてください。例えば、「以前より計画的に動けるようになった」「人と話すのが得意になった」など、自分のポジティブな側面を意識する習慣をつけましょう。

2・「変えられるもの」に集中する

他人や過去の出来事など、変えられないものにエネルギーを使うのではなく、今自分が変えられることに集中しましょう。変えられることにフォーカスすることで、自信を持って次の一歩を踏み出せます。

やってみよう！ 「**変えられること**」を3つ書き出してみましょう。そして、その中から1つを選び、具体的に何をするかを決めてください。例えば、「資格の勉強を始める」「食生活を見直す」など、日常で簡単に実行できる行動を選んで取り組んでみましょう。

3・「自分のペースで進む」計画を立てる

他人のペースに左右されず、自分の目標やペースに合わせて行動計画を立てることが大切です。無理をせず、自分に合ったリズムで進むことで、継続が楽になり、結果的に大きな成果に繋がります。

やってみよう！ 「**達成したい小さな目標**」を1つ決め、それに向けたステップを3つ書き出してみましょう。例えば、「毎日30分読書する」「1日5分ストレッチをする」など、現実的で継続可能な目標を設定し、達成する喜びを感じることを意識してください。

100万円売上げたいなら
100万円を使ってみる！

25 学びは誰にも奪えない財産

あなたは、財産の中で一番コストパフォーマンスがいいのは何だと思いますか？

――私は、初めてお世話になったコンサルタントの先生に「**一番コスパがいいのは、自分に投資することですよ**」と教えられ、今もその教えを守って、投資の中で学びを最優先にしています。そして、学んだことをアウトプットすることによってお金に変えてきました。

もちろん、学びだけでお金を作りきるのは難しい。不動産や株、金という、ちゃんとした本当の現物資産をしっかりと運用することも、お金に関する実務では大切でしょう。

ですが、自分の能力を売りにして生きていくなら、まずは学びに対して投資をするのが一番効率よくて、ローリスク・ハイリターンだと、私は思います。

ただ、真剣にハイリターンを得ることを目指すのであれば、学ぶと決めたものをしっかり「**やりきる**」**覚悟**が必要です。しかし、これができていない人が実は多いのです。

あなたも、学びの迷い人になっていませんか？

一見「意識高い系」ながら、その実態はふらふらと「**あれを習いこれを習い、全部少しずつかじって、何も極めないまま全部中途半端**」というタイプの人もいますので。

とことん学び、アウトプットしてお金に変えよう

ただし、学びさえすればすべてが上手くいくわけではありません。

だから、自分がこれを学ぼうと決めたなら、とことんやりきってください。

株や不動産は、突然、暴落することがあります。人が作った財産を世界の相場で運用していく時は、一瞬にしてお金がなくなることもザラにある話。

そんな中でも、学びは「**誰にも奪えない素晴らしい財産**」です。

世の中には有料級の無料講座もたくさんあります。有益なものもあるでしょう。しかし、結局は受け取る側の姿勢で、その講座が０円の価値なのか、１００万円の価値を生むのかを決めてしまうのだと思います。

無料を求める人には、お金を出したくない人が集まる

自分がお金を使わずして、なぜ、人にお金を使わせることができるのか。人は鏡です。無料ばかり求める人には、無料を求める人、１円もお金を出したくない人しか集まりません。

高額でもそれを買い、自分を変えるために投資をするという決断をして、自腹を切る。場合によっては借金かもしれません。覚悟を決めて買うという決断を自分が経験しているか、していないかは、すごく大きな違いです。

もしも、あなたが１００万円の商品を扱いたいならば、自分が過去に１００万円以上のもの、できれば２００万円のものを購入していなければ、**お金を出す人の気持ちや覚悟がわかりません**。最低でも自分が売りたい金額の物を買った経験をしている必要があります。

自己投資は、最もコストパフォーマンスが高い、誰にも奪えない唯一の財産です。

だからこそ、事業をしていくなら、学びにお金を投下する。これは王道のセオリーなのです。

今すぐできる！アクションプラン

1・「学びへの投資」を具体的に計画する

自分のスキルや知識を高めるための投資を計画し、実行することで、新たな収入源やビジネスチャンスが生まれます。投資の金額だけでなく、その学びがどう活用できるかを明確にすることが大切です。

やってみよう！ 「学びたい分野」を1つ決めて、そのための講座やセミナーを調べてみましょう。無料のものではなく、有料のものから1つ選び、その投資金額を具体的に設定してください。さらに、学んだことをどのように収益化するか、簡単な計画を立ててみてください。できることなら**投資額の3倍回収**ぐらいの目標が立てられるとベストです。

2・「やりきる覚悟」を持つ

学びを成果に変えるためには、中途半端に終わらせずに**最後までやりきること**が必要です。何を学ぶかを決めたら、それを確実に実践する覚悟を持ちましょう。

その講座の中で得ようと決めたものが得られたら、次の講座を受講する。それらいの覚悟で取り組めば必ず得るものがあります。

やってみよう！ 今取り組んでいる学びや課題の中で、途中で放置しているものがないか確認してください。もしあれば、それを再開する期限を今週中に設定し、1つ完了させてみましょう。

3・「自分が売りたい金額の商品」を買う経験をする

自分が扱いたい金額の商品やサービスを販売するためには、その金額の物を購入する経験が必要です。**購入の覚悟や価値を実感**することで信頼感も高まります。

やってみよう！ 自分が将来売りたい金額の商品（または近い価格のもの）を購入してみましょう。例えば、100万円の商品を売りたいなら、50万円や100万円の商品や講座を選び、自分の経験としてその価値を体感してください。その後、購入のプロセスや感じた思い、価値観を記録します。販売に活かせる購入者の気持ちにポイントを置いて、その記録を分析してみましょう。

売れる人になりたいなら
ブレない誠実さを持つべし

26 信頼貯金を増やす心のコツ

今回は、信頼貯金を増やすことがテーマです。

まずは「信用と信頼」という言葉の違いを説明させてください。

〈信用とは〉

過去の実績や、本人が「私はこういうことをしました」という話をした時、それを**客観的ないしは量的なデータを使って信憑性や裏づけを確認**して、信用があるかないかを判断します。

〈信頼とは〉

過去の実績が基準になる場合もありますが、基本は相手の人柄や振る舞いなど、現在の様子も含めて**感情的かつ主観的に判断**します。

信用と信頼の違い、あなたは意識したことがありましたか？

それを踏まえて、「信頼貯金を増やすこと」についてお話したいと思います。

信頼貯金を貯めていない人は、何か商品を紹介しても、なかなか購入してもらえません。なぜなら「信じてもらえていない」からです。**人は信頼している人（お店・メーカー）からしかモノを買わない**のが、一般的な購買心理です。

⚜信頼貯金を増やすマインドと行動とは？

では、信頼貯金を増やすために大切なマインドは何なのでしょうか？

ひと言で言えば、**「誠実さと一貫性」**です。

誠実さとは、相手によって言うことが変わったりしない、嘘偽りのないあり方です。そして、自分がどこかで無意識でも嘘をついたり、つじつまが合わない話をしたりすると、結局その人の言動には一貫性がない、となってしまいます。つまり「誠実さ」と「一貫性」はセットで必要なマインドなのです。

ですから、たとえどんなに小さなことであったとしても、自分の考え方の基準を曲げずに、**一貫した方向性で常に発信し続ける**こと。その繰り返しが、周りの信頼を得ていくことに繋がります。言葉に行動が伴っている人ほど信頼されます。

信用というのは、出来上がった過去のデータとしてあるものだから、それはそれで素晴らしい。ですが、これからの時代を生き抜いていくためには、信頼貯金をしっかりコツコツと貯めて、増やしていくことが大事になります。

あざとい振る舞いでは、一時的な信頼しか得られない

この話をすると、「私の周りで、あざとく振る舞っているのに信頼されている人がいるんです。ズルいと思いませんか？」と言う人がいました。

しかし安心してください。それは一時的な信頼に過ぎません。信頼を得ようとしてあざとく振る舞うこと自体が、信頼貯金を貯めるところまではいかない要因であり、本当の信頼は決してもらえないのです。

信頼は、時間をかけて初めて貯めていけるものだと、どうぞご理解ください。

そしてぜひ今日から、信頼貯金を増やしていくことを心がけてみてください。**言動一致**で動いていくだけで、あなたを信頼して応援してくれる人が集まってくるはずです。

今すぐできる！アクションプラン

1・「一貫性のある言動」を意識する

信頼を積み上げるためには、**日々の言動に一貫性を持たせることが基本**です。小さなことでも、自分が発した言葉に対して行動が伴わなければ、相手の信頼を失う原因になります。一貫性を持つことで、あなたの発言や行動に「信頼できる」という評価が自然とついてきます。

やってみよう！ 「自分が口にしたこと」を意識して行動に移してみましょう。例えば、誰かに「〇〇をやります」と約束したら、その日のうちに着手する、ＳＮＳで発信したことを実践してみるなど、言動を一致させる習慣を始めてください。

2・「誠実なコミュニケーション」を心がける

誠実な行動を心がけましょう。例えば、相手の意見に耳を傾け、思いやりを持ったコミュニケーションを意識しましょう。相手のことを考えて行動することで、信頼貯金が自然と増えていきます。

やってみよう！ 1人以上の人に対して「**その人のために何かできること**」を実践してみましょう。例えば、相手が困っていることを手伝う、感謝の気持ちを手紙やメッセージで伝えるなど、具体的な行動であなたの誠意を伝えてみましょう。

3・「小さな約束を守る」習慣をつける

信頼は一夜にして築かれるものではありません。日々の小さな約束を守ることが、信頼貯金を増やす確実な方法です。約束を守るだけでなく、相手が予想する以上の結果を出すことができれば、あなたの評価は飛躍的に高まります。

やってみよう！ 自分が受けたタスクや依頼をリスト化し、それらをすべて期日内に達成することを目標にしてみてください。また、小さな約束も忘れないよう、スケジュールやリマインダーに記録しておきましょう。さらに、**相手が期待している以上のクオリティで対応することを1つ実践**し、その成果を確認してください。

全財産を失っても
稼ぐ力があれば立ち直れる

27 希少価値なのはお金ではなく時間

あなたは、**お金と時間、どちらを大切にしていますか？**

これって結構難しい質問だと思いますが、**私は「時間」を大事にしています。**

なぜ、時間のほうが大事だと思うかと言えば、命は有限であり、時間も有限であるということを、18歳の時に殺されそうになって実感したからです。通り魔的な、誰でもよかったというアクシデントに巻き込まれたのですが、幸運にも命は取りとめました。

人は、いつでもどこでも死んでしまうことがあります。突然、命の終わりが来ることがあるのです。人生の限られた時間の中で、どのように生きていくかを考えた時、お金はとても大事だし、必要なものです。

ただ、お金は働いたら増やすこともできるし、一度失ってもまた取り返すことができます。所持金がゼロ円になり、財産が全部なくなったとしても、**自分に稼ぐ力さえあれば、もう一度立ち上がって何度でもやり直せます。**

成功している起業家さんも大体1回は失敗していますし、どん底を体験している人がほとんどです。

もちろん、私も起業3年目で売上ゼロという体験をしたことがあります。

⚜小さなお金を追いすぎて、大きな時間を失う

本当に価値があるものならば、有料でも手に入れる。お金を払って人に任せることで、自分の時間を本当に好きなことに充てていくことができます。

それが、家族との時間なのか趣味の時間なのかわかりませんが、やはり生きていく上で大切なものだと私は思っています。


しかし実際には、外注の費用のような、目の前の小さなお金の節約ばかりきにしすぎる方がいらっしゃいます。そのために時間という、過ぎ去ると二度と戻ってこない、大きな価値があるものを失っている人がすごく多いと感じます。

だから今一度、「このお金がなくなっても、自分はもう一度稼ぎ直せる」と考えてみましょう。その上で、**今の自分にとって何がどれくらい大事なのか**、その割合を知っておく

ことが大切です。

私の持論としては、お金と時間だったら、**時間のほうが大事。**

おそらくあなたも、ある程度事業が軌道に乗って、年数が経ってくると、その意味合いがわかってくることでしょう。

開業初期の方だと、今はまだ、ピンとこないかもしれませんが、最初のマインドセットとして、お金より時間が大切だという話をお伝えしました。

ということは、**「お金よりも大切な時間」を、あなたは無駄使いしていませんか？**

とても大切な時間というものを大切に扱うなら、**「考えるだけで行動していない時間」**は、ものすごくもったいないことをしているんだと気づくと思います。

今すぐできる！アクションプラン

1・「時間の価値」を計算してみる

自分の時間がどれだけ価値を持っているのかを具体的に把握することで、時間の使い方を見直すきっかけを作ります。時間の価値を理解すれば、小さな雑務や無駄な活動を減らし、重要なことに集中する習慣が生まれます。

やってみよう！ あなたの1時間あたりの価値を計算してみましょう。例えば、月の収入を働いた時間で割り出すだけでも参考になります。その後、その1時間を無駄にしないために「**何を減らし、何の時間を増やすべきか**」をリストアップし、改善プランを立ててください。

2・「自分にしかできない仕事」をリスト化する

自分にしかできない仕事に集中し、それ以外のタスクは外注や他人に任せることを意識しましょう。すべてを自分で抱え込むのではなく、得意な人に仕事を任せることで時間を有効活用できます。

やってみよう！ 自分が現在抱えている仕事を「**自分にしかできないこと**」と「**他人でもできること**」に分類してみてください。そして、「他人でもできること」から1つ選び、それを誰に任せられるか考え、具体的な手段を実行に移してみましょう。

3・「時間を奪う要因」を見つけて減らす

日々の生活や仕事の中で、**無意識に時間を奪われている要因**を見つけ、それを減らす工夫をしましょう。例えば、過剰なSNS閲覧や不要な会議など、時間を浪費している要素を特定することから始めます。

やってみよう！ 一日のスケジュールを振り返り、「不要だった活動」「減らせる活動」を3つ書き出してみてください。そして、翌日からその活動を削減するか、時間を短縮する計画を立てて実行してみましょう。

コラム：離婚とお金と人生と

家庭ごとに事情が異なる「離婚」は、一概によい悪いは言えないものです。しかし女性にとっては、経済的にも自立を本気で考えるきっかけになる、大きな出来事に違いありません。

ちなみに、私の両親は離婚しています。父親が、酒、ギャンブルにはまり、働かない人だったからです。私たち姉弟が大きくなって、母の経済的な目途が立った時に離婚しました。このような経験から、私は離婚に対して特に肯定も否定もせず、その人自身の選択を尊重しています。

母がすぐに離婚できなかった理由は、子供と共に家を出るほどの資金の余裕が、まだなかったからです。その時私は、「女の人は、経済力がないと人生の選択肢も自由に選べないんだ」と悟ったのです。この経験から、私はその時の母のような人を減らすために、女性には「人生を自分で好きなように選べる経済力を身につけてほしい」と思ったのがきっかけで、今のコンサルタントという仕事を選んでいます。そんな私にとって、人生の自由を手にするためのカギはお金でしたが、それを最終的な目的とはしていません。

お金は目的ではなく、人生を豊かにできるツールのひとつ

私自身はお金至上主義ではありません。もちろん、経済的に貧しかったこともあるので、お金は大切に思っていますし、しっかり稼ぐ習慣が身についたのもそのような幼少期があったからです。お金があれば選択肢が増えます。起業のための準備資金、学びのための投資など、いろいろなものに使うことができます。

最近、50代の人が起業するきっかけを伺っていると、「離婚したから」または「離婚したいから」という理由も実際に多くなりました。

あなたがお金を稼ぐ目的は何でしょうか？　自分のためでもお子さんの将来のためでも構いません。あなたが人生を本気で変えたいと思うなら、まずは経済的自立を目指しましょう。そのためには、最初の1～3年が最も重要な勝負の時期です。この期間に全力で動き、失敗を恐れず挑戦してください。

お金はあなたの人生をより豊かにするツールです。自分の力で稼ぐことで得られる自由と自信は、これからの人生を大きく変える原動力になります。あなたの人生をあなた自身の手で選び取る、その第一歩を、今から始めてみてください。

第5章

増やすマインド

人もお金も引き寄せる生き方

嫌われてもいいと思えたら
人にもお金にも愛される

28 嫌われる勇気を持てば自由になれる

「自由とは、他者から嫌われることである」

これは、オーストリアの精神科医・精神分析学者、アルフレッド・アドラーが提唱したアドラー心理学をまとめたベストセラー『嫌われる勇気』の中に出てくる言葉です。

しかし、私を含めて大抵の人は「**嫌われるよりは好かれたい**」のが人情でしょう。

とはいえ、なかなか、嫌われてもいいという気持ちを持って振舞える人は、そう多くはありません。必要以上に他の人からの評価を得よう、期待に応えようとすると、自分の気持ちに嘘をつくことになります。どこか無理に背伸びをしすぎて，自分がとても辛い気持ちになってしまって、自由からほど遠くなってしまうのが現実です。

嫌われてもいいと思ったら、愛される不思議

不思議なことですが、人に嫌われないように振る舞っている人よりも「嫌われてもいいや」と、開き直ってありのまま振る舞っている人のほうが、人が寄ってきたり、人に好か

れたりします。

「嫌われてもいいや」と思ったら、愛される。それはなぜなのでしょうか？

――おそらく、自分らしく生き生きしている姿が、そのように振舞えていない人からすると、輝いて見えたりうらやましく思えたりするのでしょう。

ちなみに私も、嫌われるよりは好かれたほうがいいとは思っています。

ただ、自分がどのように振舞ったとしても、すべての人に好かれるわけでもなく、一定数の人に嫌われるのは、わかっているのです。

だから、自分を嫌う人と無理やり仲良くしなくてもいい、という適度な諦めが私の心の自由度を解放してくれています。そのためか、人からの評価や価値観をそのまま受け入れるということも、あまりしません。人と、心地よい距離感を保つ感覚を無意識に持っているようです。

あなたが自由になれば、お金も人も寄ってくる

価値観は人の数だけあって、まったく同じ人は2人といません。

・その人の価値観は、その人の価値観
・私の価値観は、私の価値観

私は私の自我を認めているから、他の人が私と違う考え方で私とは相いれない感性を持っていても、**「違う人なのだから、違って当然」**と認識しています。

違うこと、合わないことに感情を持ち込まないから、「嫌われる」とか「嫌われない」とか、あまりそういうことを感じずに振舞えています。

おおらかに、来るもの拒まず去る者追わず。人間関係も自由に循環している。

――こういう人の周囲は、お金や情報の循環がよくなる傾向があることに気づきました。

あなたは、人に好かれたいですか？　お金に好かれたいですか？

もしも、人にもお金にも好かれたいなら、同時に「嫌われる勇気」も持ち合わせてみることです。それが、あなた自身を自由にし、すべてのものを引き寄せる原点になります。

お金にも人にも愛される人になるためには、嫌われる勇気を持つ。あなたも意識してみませんか？

今すぐできる！アクションプラン

1．「自分の価値観を確認する時間」を持つ

自分の価値観を明確にすることで、他人の意見に左右されず、自分らしく行動する勇気を育てましょう。何を大切にしたいのか、どんな生き方が心地よいのかを明確にすることで、無理をせず自然体でいられるようになります。

やってみよう！ **自分が大切にしたい価値観**を3つ書き出してみてください。例えば、「自由」「信頼」「成長」などです。その価値観に沿った行動を1つ実践してみましょう。例えば、「自分の意見を素直に言う」「無理な付き合いを断る」など、具体的な行動に移してください。

2．「嫌われる勇気」を実践する小さな一歩を踏み出す

他人に嫌われることを恐れず、自分の本音や気持ちを素直に表現する練習をしてみましょう。特に女性の場合は、いろいろなしがらみがある分、難しいケースがあるかもしれ

ません。それでも、小さな一歩を、親しい人からでもいいので踏み出してみましょう。

やってみよう！ 気持ちが無理と感じる誘いや依頼が来たら、その時は自分の本音を試す時だと思って、1つ断ってみましょう。例えば、気が乗らない飲み会や自分の時間を奪う頼み事を断るなど、自分の気持ちを優先してみてください。「**断る**」ことで感じた「**自由**」を実感してみましょう。

3・「自由な循環」を作る人間関係を選ぶ

本当に親しい友人は、必ずしも数多くいる必要はありません。その人の身の丈と性格に合った人間関係があれば十分です。

自分に無理をさせる人間関係よりも、お互いを尊重し合える関係を選びましょう。そうすることで、心地よい循環が生まれ、人やお金が集まる環境を自然と作れます。

やってみよう！ 自分の周りの人間関係を見直し、「**一緒にいて心地よい人**」を特に意識してみましょう。心地よい人との交流を優先するために、不必要な交流は避けるなど、時間を大切にできる行動を1つ起こしましょう。

長続きする仕事をしたいなら長続きする人を最初から選ぶ

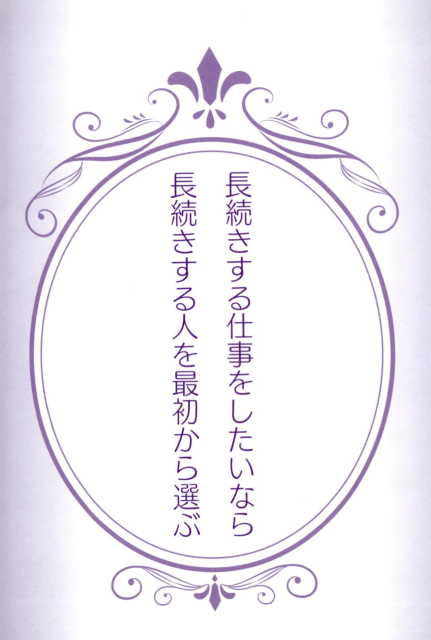

29 仕事は長く付き合える人に依頼をする

あなたは、**仕事を依頼する時、どんな点を重視**していますか？

ちなみに、私は外注さんやビジネスパートナーも含めて、長期的に付き合うことを前提にパートナーを選びます。

特に自分が大事だなと思う人とは、数年単位でお付き合いができています。

もちろん、場合によっては新しい人と組むこともありますが、自分の仕事の核になるところに携わってもらう場合には、その人と長くお付き合いできるかを重視しています。

具体的にどのくらいの期間かといえば、例えば、デザイナーの方とは12年付き合っていますし、営業事務の外注の方も7年以上、ホームページやSEO関連担当の方とも13年のお付き合いになります。

自分の基軸になる部分の仕事においては、この人と一緒にやっていきたいと思えるか、長期的に付き合えるような性格の人か、をよく見ます。

⚜長期的に付き合える人は、誠実な人柄を持っている

長く付き合える人を選ぶ基準。これは単に能力ではありません。

最初はスキルが足りなくてもいいのです。付き合っているうちに「この人だんだんできるようになるだろうな」と感じさせる、**「誠実な人柄」**であればいい。

私は、何度も同じことを相手に伝えるのが苦手です。

それは、会社員時代、部下が転職で辞めてしまう時、入れ替わり時に最初から同じことを伝えないといけない経験をしたからです。

そこで、自分が独立した際は、外注さんであっても、ビジネスパートナーは**「長期的に付き合える人」**を絶対に選ぼうと決めました。

もちろん、何かの事情でダメになる時はありますが、その人の志と、働くことや人生において何を大事にしているかを聞いた上で、仕事をお願いするケースが多いです。

また、その人が他の人との仕事で、どんなお付き合いをしているのかを見れば、仕事に対する姿勢もわかりますので、可能ならば一定期間様子を見た上で、仕事を依頼することもあります。

たまに勘で決める時もありますが、そんなに外れたことはありません。

慎重に人を選ぶとコスト削減になり、よい人間関係が築ける

仕事が始まる前に、長期的に組める人かどうかを見極めると、信頼関係が積み上がり、よいコミュニケーションがスムーズになります。また、業務効率化が実現するなど、いろいろな相乗効果も生まれます。

慎重に人を見極めるというのは、一見非合理に見えるかもしれません。ですが、結果的によい人間関係や人脈が増えていきますし、無駄なコストが出ていかないという点でも、やはり合理的です。

こういった経験から、私は**「仕事は長く付き合える人に依頼する」**というポリシーを、ずっと守っているのです。

仕事は人なり。長続きする人を選ぶことが、長続きする安定的な仕事をすることに繋がるのです。

あなたが仕事を依頼する時に、**「この人と長期的に付き合いたいかどうか」**を最初に考える。それが、長続きする安定的な仕事をする上での重要なポイントだと思います。

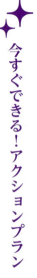

今すぐできる！アクションプラン

1・「長期的に付き合いたい人」の条件をリストアップする

あなたにとって「長期的に付き合いたい人」の条件を明確にしましょう。例えば、「誠実な人柄」「対応が迅速」「仕事への責任感がある」など、理想のパートナー像を具体化することで、人選の基準が明確になります。この時に、人間的な部分と仕事の能力的な部分に分けて考えるとよいでしょう。

やってみよう！ 紙やノートに「**理想のパートナーに求める条件**」を思いつく限り書き出してください。次に面談などの機会がある時には、今一度それらを見返しながら話をしていくのもよいと思います。

2・「トライアル期間」を設定して人選を試す

初めて仕事を依頼する場合には、短期間のトライアルを設定して、相手との相性や仕事の進め方を確認する機会を作りましょう。これにより、長期的なパートナーシップを築けるかどうかを見極めやすくなります。まずは1つ、ダメになってもそこまでダメージが大きくない仕事を依頼して、その進行状況を見て、その後も付き合うか判断するのがよいですね。

やってみよう！ 次に仕事を依頼する際には、**「試験的に1～2件のプロジェクトで一緒に取り組む」** 期間を設けてみてください。その間に、相手の対応や仕事の質を確認し、長期的な協力関係が築けるかどうかを判断しましょう。

3・「現在のパートナーとの関係」を深める努力をする

すでに関係がある外注先やパートナーとの信頼関係をさらに深めることで、よりよい仕事の成果を引き出せるようになります。感謝を伝えることやフィードバックを共有することで、長期的な協力関係が強化されます。

やってみよう！ 現在のパートナーや外注先に**感謝の言葉**を伝えてみてください。また、仕事の成果に対する具体的なフィードバックを共有し、次回の改善点や期待するポイントを話し合う機会を設けてみましょう。

お金で失敗した時こそ
手に入る新しい未来がある

30 人生の失敗は何度でもやり直せる

あなたは、現在どんな状態でお仕事をしていますか？

会社員？　それとも、すでに独立自営をされているでしょうか？

会社員であれば、あなたが担当した事業がたとえ失敗しても、会社がやっていることですから、あなたが自腹を切ってその補填をするということは、まずないはずです。

ですが、個人事業主の場合、損失が数百万～数千万円単位になってくると、それだけでかなりの痛手を負い、自宅の経済まで巻き込んだ大ダメージを受ける可能性があります。


例えば、事業の失敗で出費を強いられ、家庭内で揉め事が起こる。クレームに対して誠意を見せるために多額のお金が必要になる。自然災害で店舗が壊れてしまい、いろいろな修繕費が必要になる。

このような、自分のせいではなくてもお金が出ていってしまって、保険金だけでは賄えなくなるケースがあるかもしれません。

また、会社の名義だったとしても、株投資や不動産投資をしていた場合、相場の崩れや乱高下によって、お金を失うこともあり得ます。

失敗や挫折はすべての終わりではなく、学びや成長のチャンス

仕事をしていると、いや、どうかすると生きているだけでも、いろいろなシーンでお金がなくなる時ってあるんです。そんな時に持っておいてほしいマインド。

それが、「**人生の失敗は何度でもやり直せる。お金も何度でも稼ぎ直せる**」マインド。

たとえ、全財産を失うような挫折とか失敗があったとしても、それがすべての終わりを意味するわけではありません。

むしろ、それによって「**次に失敗しないためにはどうすべきか**」という学びを体得できます、そんな経験を何度も繰り返して、事業は拡大していくのです。

誰もがその名を知るような大企業でも、創業当初から何かしらの失敗は絶対に経験しているものです。それを乗り越えてきたからこそ、今の成功に至ることができています。

失敗を恐れて何も動かないよりは、失敗して全財産を失ったとしても、そこから稼ぎ直すという不屈の精神、強いメンタルを持ったほうが、結果的にお金は増えていくのです。

失敗の中に未来のチャンスが潜んでいる

失敗を恐れるがゆえに行動が小さくなるくらいなら、「**失敗してもいいから前に進む**」というマインドで、あらゆるチャレンジをすることをお勧めします。

その時、なくなったお金をいつまでも見ていると、先へ行く気力がなくなってしまいます。ですから「**過去にとらわれず未来をつかもう。これは再びいい未来をつかむチャンスなんだ**」というマインドセットをしてください。

これは気休めではなく、頭を切り替えて行動した結果、新たなスキルを習得できたり、未来に繋がる新たな出会いを得たり得たりすることが多いからです。

一見不運に見える、お金を失う時や人と別れる時、物品がなくなる時。

こんな時こそ「**そろそろ次のステージに行きなさい**」というメッセージだと、私は思っています。あなたの潜在意識が、あなたを未来に向かわせるために、きっかけとしてすべてを失わせるのです。

人生は一度きり、でも失敗は何度でもやり直しができる。それを信じて進んでいけば、必ず道は開けます。

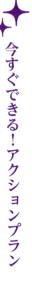

今すぐできる！アクションプラン

1・「未来に集中するためのゴール」を設定する

失敗を乗り越え、前に進むためには、未来に意識を向けることが大切です。目の前の問題や失ったものに焦点を当てるのではなく、新たに目指す具体的なゴールを設定しましょう。ゴールを設定することで、自然と行動の軸が未来へ向かいます。

やってみよう！ **「半年後のゴール」**を1つ決めてみてください。例えば、「新しい顧客を5人獲得する」「月商を20％アップさせる」など、具体的で測定可能な目標を設定します。そして、そのために最初にやるべき行動を明確にし、今日中に1つ取り組んでみましょう。

2・「次の一歩」を決めて実行する

失敗を乗り越えるためには、動き続けることが大切です。過去を振り返るのではなく、未来に向けた具体的な一歩を設定し、実際に行動に移しましょう。改善のための反省は必要ですが、必要以上に落ち込むことはありません。行動しているうちにどんどん新しいアイデアも生まれてきます。

やってみよう！ 失敗をした時には、迅速に「**次の一歩**」を具体的に設定してください。例えば、「新しいスキルを学ぶ」「新しいターゲット層へのアプローチを試す」など。そして、それを実行に移してみましょう。行動することで、失敗の後にも成長があることを実感できます。

3・「失敗からの学び」を記録する

失敗や挫折の中には、未来の成功に役立つヒントが隠されています。それをしっかり言語化し、次の挑戦に活かすことが重要です。

私が上手くいく道筋を見つけることができた時は、いつも失敗のドン底からでした。失敗には未来への宝の種が眠っています。そこに気づいていきましょう！

やってみよう！ **失敗から得た教訓を1つ書き出してみてください。**それを基に「次回はこうする」という具体的な改善策を考え、記録に残しましょう。この記録が、未来に役立つ貴重な財産になります。

あなたが使っている言葉が
あなたの環境を作っている

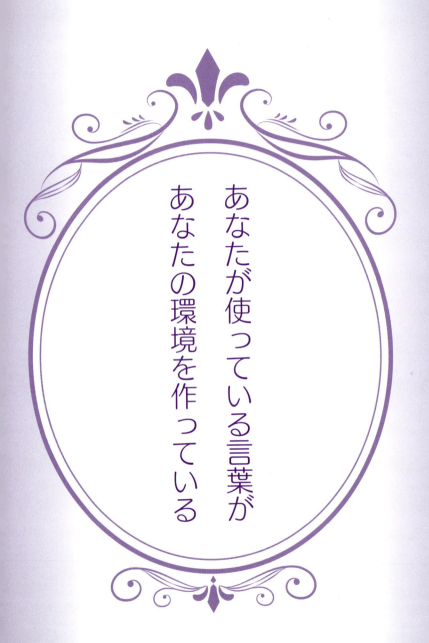

31 家族も仲間も味方につける言葉の力

「教室の先生って、孤独なんですよね……」

自分一人で一生懸命仕事をしていると、きっとそんな感覚になるのだと思います。ですから、教室の先生や一人起業をされている人同士なら、本当は共感し合えることがありそうな気がします。

ただ、ここで何か情報交換したり一緒に対処したりすると、ライバルに手の内を見せる感じになってしまう。そんな懸念もあってか、なかなか腹を割って話せる人がいないという話も聞いたことがあります。

そのため、コンサルタントである私がお話を伺うケースが多いのですが、これからの時代は、味方や仲間は多いほうがいいですよね。

家族との関係が、仕事の人間関係の縮図

もしも**あなたが仲間を欲しいと思うなら、普段のあなたの行動や、どういう人と繋がり**

たいのかを考えていく必要があります。その時に、やはり第一に考えてほしいのが、ご家族との関係です。旦那さんに応援される、お子さんに応援される状態になっていることが、実は、仕事がスムーズにいく大きな秘訣でもあります。

――私が、今までの経験則を統計的に見るに、**家族間のコミュニケーションが上手くいっていない人は、仕事上のコミュニケーションもあんまり上手ではない人が多い**と感じます。

家庭内のことについては、別にすべてあなたが悪いとは言いません。

だから、まずは家庭内の状況を改善して、その上で外での仲間を増やしていく。そういう順序がお勧めです。

あなたを孤独から救う3つの言葉の魔法

〈1つ目 感謝の言葉を伝えること〉

感謝をちゃんと表現すること。すごく簡単な言葉は**「ありがとう」**です。

やはり、どんな小さなことでもやってもらったら「ありがとう、助かるわ」と言う。私の家族は夫だけですが、なるべくこまめに伝えるようにしています。「ありがとう」を普段から言えている人は、ビジネスパートナーや仲間にもさらっと言えます。

〈２つ目 相手の話を最後まで聞くこと〉

私はコンサルタントですから、これはある程度当たり前になっている部分です。いろいろな方とお話をしていると、案外これができていない方も多いなと感じることがあります。コンサルのシーンだと、相手の方がひとしきり話されるのを聞いていて、後でお話をするためにメモを取っています。

話を途中で遮ると、相手は否定されたような気持ちになってしまうので、まずは伺います。このあたりを意識するだけでも、人間関係が変わっていきます。

〈３つ目 なるべくポジティブな言葉を選ぶこと〉

ネガティブな言葉を使うと、人に与える印象がネガティブになってしまいます。

あなたが普段からどんな言葉を使っているのか。それが、あなたに起こることを決めます。言葉が現実を作ります。「このひと言が私の世界を作るんだ」と意識して、言葉を選んで話すようにしてください。言葉を変えるだけで、自分を応援してくれる仲間が増えていきます。よいお客様に囲まれるために、あなたが日々使うそのひと言に意識を向けてくださいね。

今すぐできる！アクションプラン

1・「感謝の言葉」を日常に取り入れる

感謝を表現する言葉は、家族や周囲との信頼関係を築く第一歩です。特に「ありがとう」は簡単でありながらも、効果抜群な魔法の言葉です。日常生活の中で感謝を伝える習慣をつけましょう。

やってみよう！ 今日から、家族や職場の人に「**ありがとう**」を**1日3回伝える**チャレンジをしてみてください。小さなことで構いません。「食事を作ってくれてありがとう」「手伝ってくれて助かったよ」など、いつもなら流してしまうことに感謝の言葉を添えてみましょう。

2・「話を最後まで聞く」練習をする

相手の話を遮らず、最後まで聞くことで信頼が生まれます。コミュニケーションの質を高めるためにも、相手の言葉に集中して耳を傾ける習慣をつけましょう。

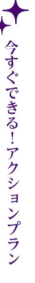

女性の場合、途中で口を挟みたいタイプの人が多い傾向を感じます。相手との心地よいリズムの中で会話を進めていけるといいですね。

やってみよう！　普段、話を遮りがちと思う人は、会話の中で「**相手の話を最後まで聞く**」ことを意識してみましょう。特に相手が困り事や感情を共有している時は、うなずいたり「そうなんですね」と相槌を打ったりして、共感を示しながら話を聞いてください。

3・「ポジティブな言葉」を選ぶ練習をする

ネガティブな言葉を減らし、ポジティブな表現に変えることで、周囲によい影響を与え、自分自身の気持ちも前向きになります。ネガティブな言葉を発しがちという自覚がある人は、言葉を発する前にひと呼吸おいて、言葉を発してみましょう。

やってみよう！　**ネガティブな表現をポジティブに変える練習**をしてみましょう。例えば、「忙しいから無理です」ではなく「今日は手一杯なので別の日にお願いできますか？」というように、できることにフォーカスした言葉に変換してみてください。日頃の表現をポジティブな表現に言い換えることを目標にしましょう。

完璧主義はいらない
不完全だから上手くいく

32 完璧じゃないから、お金も時間も手に入る

クライアントさんとお話をしていると、**思いのほか完璧主義の人が多い**と感じます。**「○○せねばならない」「○○すべきである」**

ですが、私のお勧めは7割、いえ6割レベルでよいので、まずリリースして、走りながら修正していくこと。このやり方は、普段からお伝えしているものです。

脱・完璧主義！　ベストなGOサインのタイミングは？

集客や新しいことを始める場合、私は、4割5割レベルの完成度でGOサインを出します。スタートを切ってから、修正しながら進めていくことが多いのです。

そのほうが、お客様の意見をきちんと取り入れることができるからです。

何事も**「まずはやってみる」**から始めるので、失敗しても改善点がすぐに見つかり、逆にラッキーという展開になるので、神経的にすり減ることはありません。

余裕な部分を2割3割残しておくことで、いい仕事が入ってきたり、いい人と出会えた

り、いい時間を過ごすことができたりという、新たないいチャンスがやってくる可能性があります。だから、完璧すぎないということをお勧めしたいのです。

【完璧主義ならぬ、完璧すぎない主義】

特に、精神的に参ってしまうタイプの人は、完璧主義ではなく、適度に休息を取ってください。
私はよく「貴子さんはいつ寝ているんですか?」なんて聞かれますが、実は私、適度に休息は取っていますよ。

元・完璧主義だからわかる、完璧主義は体に悪い!

実は、**昔は私も完璧主義**でした。
会社員だった頃、胃を壊したことがあるんです。部長職ですべてを完璧にこなすために、誰よりも残業していました。マインドは弱いほうではないつもりでしたが、やっぱり胃に来てしまったのです。

体調を崩してからは、逆にいろいろなことを大らかに捉えるようになって、失敗してもそれでいいかとか、まだ出来上がっていないけど、リリースしてから考えようとか。そういう考え方に変わってから、時間に余裕ができました。

この経験を、個人事業主になってからも持続したら、お金も回り始めました。

――完璧は悪いことではありません。

ですが、完璧を求めすぎると、無駄なストレスが溜まり、入念すぎる準備によって、かえって大事なタイミングとよいチャンスを逃してしまいます。

【完璧じゃないからこそ、お金も時間も手に入る】

一見、矛盾しているようなこの逆説的なアドバイスを、あなたにお伝えします。

今すぐできる！アクションプラン

1・「まずはやってみる」習慣をつける

完璧を目指す前に、**6割～7割の完成度でスタートする習慣**をつけましょう。リリースしてから改善を重ねることで、効率的に結果を出すことができます。

この時に必要なのは、「折れない心」。やり直しを強いられた場合でも億劫がらないと最初に決めておけば、6割レベルからでもスタートできます。

やってみよう！ 取り組んでいるプロジェクトやアイデアを「完全版」ではなく「お試し版」として発信してみてください。例えば、「SNSで意見を募集する」「お試し版の商品を販売する」など、小さな一歩を踏み出してみましょう。

2・「完璧じゃなくてもOK」と自分に許可を与える

自分に「完璧じゃなくてもいい」と言い聞かせることで、心理的な負担を減らしましょう。不完全な状態でも価値があることを理解することで、ストレスを軽減できます。

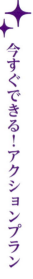

神経質に考えないほうが、案外サラッと上手くいきます。

やってみよう!「まだ準備が足りないかも……」と思うことを、あえて行動に移してみてください。例えば、**準備中の企画をプレ発表**したり、未完成のデザイン案を共有したりするなど、不完全な段階でも価値があることを確かめてみましょう。

3・「余白を作る」計画を立てる

完璧を追求するのではなく、あえて余白を残すことで、新しいチャンスや柔軟な対応が可能になります。**予定や計画に「未定」の時間を意識的に組み込み**ましょう。

特に余白を作ることは、体調管理の面からもオススメです。

やってみよう!今月のスケジュールに、「何もしない時間」や「余白時間」を1時間だけ設けてください。その時間は新しいアイデアを考えたり、自分をリフレッシュさせたりすることに使いましょう。これが新たなチャンスを引き寄せる基盤になります。

最初は勇気がいるかもしれませんが、意識をして空白時間を作っていきましょう。

それって本当にあなたの
生きたい人生ですか？

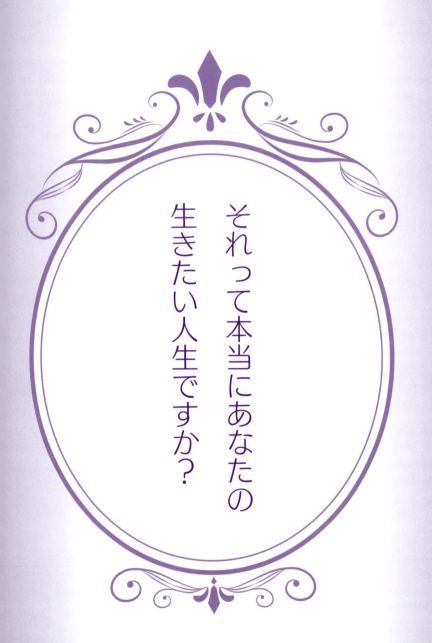

33 人生の主導権は他人に渡さない

「親の期待に応えるために、自分の意思を心の奥に沈めて生きてきた」

――私のところに来られる人の中には、こんな過去を持った方もいらっしゃいます。どちらかというと、長女タイプ、長女気質の人に多いでしょうか。

こういう方は、自分の意思を隠して、あるいは気づかないふりをして、人の言うことを聞くことに慣れてしまっています。そのため、大切な決断の時に自分を見失い、疲れてしまうことが多い。いくら他人から「すごい人だよね」と褒められ、「よくできている」と期待されても、諦め癖がついてしまっていて、本当に叶えたかった夢でさえ諦めてしまうケースが多いのです。

優等生ほど打たれ弱い理由

実は**優等生ほど、社会に出るとマインド的に弱い**なと感じることが多々あります。

特に、キャリアがあるとか学校の成績が優秀すぎるという人は、会社に馴染みにくい傾向があると私は見ています。

「心が折れる」状況を自分で認めるのが嫌だから、周りが期待すればするほど結果的に頑張りすぎて、どうしようもなくなった時に自滅してしまう。

そして、ひとつでも失敗すると、「もう人生終わった」くらいに落ち込んでしまうのです。

独立自営というのは、何事も自分で道を決めて、自分で責任を持って進めるわけですから、ある意味それが醍醐味です。その醍醐味を味わいながら、自分の気持ちに余裕を持ち、喜びで満たせる能力を持つ。そうすれば、いつでもコップに水が満たされる状態になり、そうして初めて人を幸せにできる。私は、この順番で十分だと思っています。

他責思考は何も生み出さない

「○○さんが言ったからやったのに……」という他責思考では、どうやっても人生を上手く回していくことはできません。

・人の意見に振り回されすぎず、意見は尊重しても取り込みすぎない

・自分の価値観はどこにあるのか、常に自分が理解して把握しておく
・自分が決めたことには、最終的に自分で責任を取る

つまり、「**自分の人生は、自分で創る**」ものなのです。

そう決めることができた瞬間から、自分の人生が回り始めます。

人との繋がりであろうとお金であろうと、あらゆるものが財産です。循環し始めれば自然と増えていきます。しかし、他人の人生を生きている人は、これらの財産が上手く増えていきません。だから、決して人生の主導権を人に渡してはいけないのです。


【あなたは自分が思う人生を生きていますか?】

いくら嫌われようが、「自分はこうしたい」という意思を持ち、はっきりと口にする。

そんな許可を自分に出してください。場合によっては断る勇気も必要になってきますが、自分の人生を自分で生きると決めたからには、腹をくくりましょう。

だから、正しい結論はいつでもシンプル。

「**自分がやりたいようにやる**」

これが人の目を気にしないのが幸せをつかむコツなのです。

今すぐできる！アクションプラン

1・「自分の本音」を問いかける時間を作る

自分が他人の期待や意見に流されていないか確認するため、自分の本当の気持ちを問う時間を定期的に設けましょう。自分の心の奥底にある「本当にやりたいこと」を言葉にする。それこそが第一歩です。

やってみよう！ 今週末に30分間、紙とペンを用意して「**自分が本当にやりたいことリスト**」を作ってみましょう。他人の期待ではなく、心の中から湧き出る望みをできるだけたくさん書き出してみてください。突拍子のないことでも構いません。自分の心に正直になって、どんどん書いていってみましょう。

2・「他人の意見を尊重しつつ、取り込まない練習」をする

他人の意見を参考にしつつ、それに振り回されない練習をしてみましょう。アドバイスや意見を聞く際、自分の価値観と照らし合わせ、それが自分の意思に合っているかどうか

確認します。また、いただいたアドバイスが自分の意見と違っている時に、それを相手にやんわりと伝える練習もしましょう。

やってみよう！　今日から、誰かに意見をもらった際に「それは自分がやりたいことに合っているか？」と自分に問いかける習慣を作りましょう。自分の中で納得できない場合は、勇気を出して「今回は自分の考えで進めたいです」と伝えてみてください。

3・「他責思考をやめる」チェックリストを作る

他人の意見や状況のせいにしていないかを確認するため、自分の行動や決断の責任を自分で取る意識を高めましょう。小さなことでも、自分が主体的に選択したことを意識することが重要です。自分が決めたことにきちんと責任を持つ習慣が必要です。

やってみよう！　今日を振り返って、「**自分で決めたこと**」「**他人に流されたと感じたこと**」をリストアップしてみてください。流されたと感じたことがあれば、次回どう主体的に決断できるかを考えてみましょう。またそれをどう相手に伝えれば、角が立たずに理解してもらえるかも、あわせて考えてみましょう

コラム：起業後の、「友人」と「ビジネス仲間」との付き合い方

起業を始めると、生活や考え方が大きく変わりますよね。その時、今までの友人との関係に少し違和感を覚えたことはありませんか？

「価値観の違い」「忙しさ」「環境の変化」など、起業後の友人関係にはさまざまな変化が訪れることがあります。今回は、そんな時に心がけたい「友人」と「ビジネス仲間」との付き合い方についてお話しします。

人は成長する時に、出会いと別れを繰り返す

これまで毎週のようにランチをしていた友人が、最近では連絡を取り合わなくなった……。そんな経験をしたことがある人は多いかもしれません。

起業して収入や価値観が変わると、それに伴い「お金や仕事」に対する考え方がズレ始めることがあります。これは嫉妬や悪意ではなく、環境の変化によって自然に起こるものです。

だからこそ、「今は自分の成長の過程なんだ」と受け止め、新しいステージに進む自分を肯定しましょう。出会いと別れは成長の証です。

過去には執着せずに未来にフォーカスする

もちろん、職業や収入が変わっても、変わらない親友は貴重な存在です。しかし、それとは別に、ビジネスで切磋琢磨できる「仲間」も必要です。

お互いの成功を心から応援し、時には厳しい意見を交換しながら成長できる関係。そういった仲間の存在は、事業が上手くいくかどうかの鍵を握る大きな要素です。

過去に執着するよりも、未来に共に歩む仲間を見つけることを大切にしてください。そしてそれは、これから始まる起業人生の中で、あなたにとって重要なキーイベントになるはずです。

これからの人生で、どんな人と一緒に時間を過ごしたいか。その答えを大切にしながら、新しい出会いや挑戦を楽しんでください。あなたが築く未来には、きっと素晴らしい仲間が待っています。

第6章

「飛常識マインド」でドンドン稼ぐ

自由は誰にも奪えない財産

それ、失敗しても
死なないでしょ？

34 チャレンジは、失敗しても死ぬことはない

「失敗したらどうしようと思うと、前に進めないんです……」

クライアントさんからのご相談で、このようなコメントをいただくことがあります。

その時私は、励ますというよりは「まずは行ってみよう！」という意味も込めて、こうお伝えします。

「大丈夫だよ。心配なんていらないよ。それに、失敗したって別に死なないでしょ？」

失敗しても命までは取られない

仮に、あなたが何かに挑戦して、それが失敗した時のことを思い浮かべてみてください。命の危険を感じると思いますか？

新しいチャレンジだと、前に進むのが怖いという気持ちは理解できます。とはいえ、**どんなに大きなチャレンジでも、失敗したからといって命を取られるわけがありません。**

私たち個人事業主レベルのチャレンジは、何か新しい事業を起こすといったものが多い

と思います。その中で、命を懸けなければいけないほどの選択は訪れないはずです。

大抵は、ゼロからイチにする、くらいのものです。ということは、**そもそも、ゼロなのだから、失敗しても、ゼロレベル。**

⚜挑戦することは失敗ではなく、諦めた時に初めて失敗となる

【世の中に失敗というものはない。チャレンジしているうちは失敗はない。諦めた時が失敗である】

これは、実業家で経営の神様と言われた、私も尊敬する稲森和夫氏の言葉です。チャレンジできているうちは上手くいかなくても失敗ではなく、チャレンジをやめた時が失敗なのだと、稲森さんはおっしゃっています。

もう一人、多くの人が毎日使っているiPhoneの生みの親でありAppleの創設者、スティーブ・ジョブズ氏もこうおっしゃっています。

【挑戦する機会というものは、誰にでも平等である】

こちらについては、「その通り！」と言いたいところですが、世の中には挑戦する機会がない人だっています。

・失敗するのが怖くて、挑戦できない
・気持ちはあるのに、環境が整わなくて、挑戦できない

ただし、同じ「**挑戦できない**」**でも、このように大きな違い**があります。

挑戦できる立場にいる人は、諦めなくてはいけない環境にいる人のことを忘れがちです。

もしもあなたが、挑戦するかしないかを自分で選べる立場にいるのなら、それだけでも幸せだと思いませんか？

であれば、やるかやらないかという二択ではなく、「**やってみる！**」**の一択！**


「まずチャレンジありき。失敗しても死ぬわけじゃないないから」

この心意気で、新しいことは、何でもまずはトライしてみてください。

必ず道が開けていきますし、その先に、「飛常識」で楽しい人生が待っていることをお約束します。

今すぐできる！アクションプラン

1・「失敗のシナリオ」を紙に書き出してみる

失敗が怖い理由は、多くの場合、漠然とした不安や恐れが先行しているからです。それを具体的に書き出し、最悪のシナリオを想像することで、その恐れがどの程度現実的であるかを冷静に見直すことができます。また、最悪の事態が起きた時の解決策も一緒に考えることで、「意外と対処可能だ」と気づけるはずです。

やってみよう！ チャレンジしようとしている内容について「**最悪のシナリオ**」「**その影響**」「**それを乗り越える方法**」**の3つをセット**で、紙に書き出してみましょう。例えば、「新しい商品が売れなかった場合どうする？」→「宣伝費を少額で抑える」「顧客にアンケートを取り改善策を練る」といった具合に、実現可能な解決策を考えることで不安を具体的な行動に変換できます。

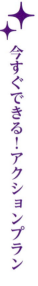

２・「小さなチャレンジ」から始める

何事も最初の一歩が一番大変です。だからこそ、大きなチャレンジではなく、まずは簡単に達成できそうなことから始めてみましょう。

やってみよう！ 日常の中で「**ちょっとだけ勇気がいること**」を３つ挙げて挑戦してみましょう。例えば、「ＳＮＳで自分の新しいアイデアを投稿する」「普段話さない人に挨拶してみる」など、リスクが少なく、達成感が感じられるものを選びます。

３・「チャレンジの結果」を記録する習慣をつける

挑戦した後に振り返りをすることで、自分が得た学びや成長に気づくことができます。基本のマインドは、「失敗」という概念ではなく、「**できないことがわかった**」というレベルでよいと思います。

やってみよう！ 挑戦したことと、その結果で感じたことをノートやアプリに記録しましょう。例えば、「今日は新しいメニューを試してみた」「思った以上にお客様から反響があった」など、小さな成功や改善点を書き留め、前向きな気持ちで次の挑戦に活かしてください。

お金も人も「好き」と
言ってくれる人が好き

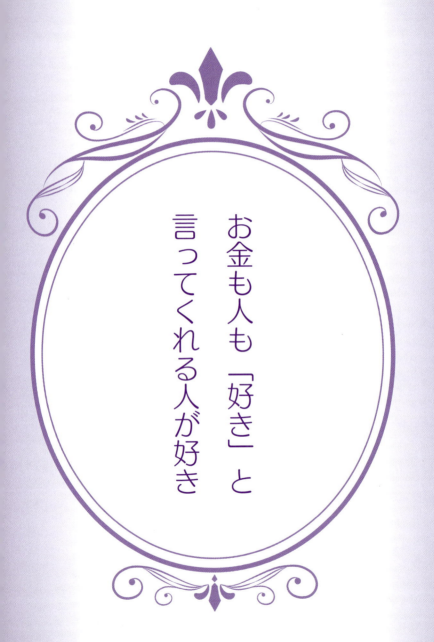

35 「お金が大好き」って言えますか？

「お金が大好きです」

この言葉を聞いて、あなたはどう感じますか？

私は幼少期、お金がない貧しい家庭に育ったので、そもそも手元にお金がある状態を経験していません。ですから、過去の自分は、違う意味で「お金が大好き」という言葉に若干抵抗感を持っていました。

大人になってから、いろんな人とお話をすると「お金が大好き、と言うなんてはしたない」という感情を持つ人が多いように見受けます。

同様に、「お金を稼ぎたい」という言葉はすごくがめつい感じがして、言いにくいという人が結構います。

ところが、そういう人たちこそ、全体的に稼げていない傾向にあります。

「お金は好き」と言ってくれる人に引き寄せられる

ここで、ちょっと、お金の側の立場になって考えてみてください。

あなたがお金だったとします。

「お金ってはしたない」とか「お金って汚い」などの考え方を持っている人のところに、あなたは行きたいでしょうか？


逆に「お金大好き」とか「お金って私を幸せにしてくれるし、そのお金でまたたくさんの人を幸せにしたい」と言う人がいたらどうでしょう。

どちらの財布に入りたいかといえば、やはり、**「お金を好き」と言ってくれる、つまり自分を好きと言ってくれる人のほうに寄っていきたいですよね。**

お金が大好きと素直に言える人が、簡単に稼げる人

これは、自分のサービスに価格をつける時も同じです。わりと**高めの価格を平気でポンとつけられる人は「お金が大好き」と言っている人と連動します。**

は難しいです。

「お金が大好き」と言えない人は、サービスに値づけをする時も、あまり高い価格をつけられません。そのネガティブな思い込みを手放さない限り、本当の意味で豊かになること

お金と感情の豊かさは連動します。見た目や体裁を気にして「そんなに稼ぎたいとは思っていませんが、少しでも社会貢献になれば」と言えば、ガツガツしていなくて好感度が高く見える。だから、そう言っておこうという人がいます。

また、逆に「お金が大好きです！　だから稼いでいます。自分も家族も幸せにして、さらには社会貢献もできます！」と堂々と言う人もいます。

もっと言えば、社会貢献ができるというのも、本当にしたいのであれば別にわざわざ言わなくてもいいし、サラッと募金とか寄付とかで支援したほうがスマートですよね。

お金に対して、普通に「大好き！」と言える状態を作る。これが、50代になってからのあなたが、稼ぐためのマインドを身につける第一歩です。

そのために「**お金が大好きというセリフを言える自分になる**」というのは、マインドセットの一歩としては、よい一歩ではないかと思います。

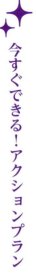

今すぐできる！アクションプラン

1・お金に対するネガティブ感情を洗い出す

お金に対するネガティブな思い込みを持っていると、無意識のうちにお金を遠ざけてしまいます。まずは、自分がお金についてどう感じているのかを明確にし、その中でネガティブな感情を手放す努力を始めましょう。親から受け継いだ価値観が原因で、お金に対して偏見を持っていることがあります。これらはあなたの成功を妨げる大きな壁です。

やってみよう！ 紙とペンを用意し、「お金」と聞いて思いつく言葉やイメージをすべて書き出してみてください。その中で、**ポジティブなものとネガティブなもの**に分け、それぞれを見比べましょう。

2・「お金が大好き」と声に出して言ってみる

言葉には力があります。「お金が好き」と言えない状態では、お金を遠ざけてしまう恐れがあります。最初は抵抗を感じるかもしれませんが、自分の心と体に「お金が大好き」というメッセージを送ることで、ポジティブな感情が芽生えます。

やってみよう！ 鏡の前で、自分に向かって「**お金が大好き！**」と言う練習をしてみましょう。また、口に出すのが恥ずかしい場合は、ノートに「私はお金が大好きです」と10回書いてみてください。

3・価格設定で自信を持つ練習をする

「お金が好き」と素直に言える人は、自分のサービスや商品に対しても適正な価格を設定することができます。価格に自信が持てないと、つい安くしてしまい、価値を過小評価してしまいがちです。**自分の価値を認め、サービスや商品の価格設定を見直す**ことで、お金に対するポジティブな意識を育てる第一歩となります。

やってみよう！ あなたのサービスや商品の価格を改めて見直してみてください。もし「この値段でいいのかな？」と不安になる場合は、その理由を考え、価格の根拠を明確にしましょう。次に、価格を上げた場合の自分の気持ちをシミュレーションしてみてください。その価格があなたの価値に見合うものであるなら、自信を持ってその価格を設定しましょう。

知らないではすまされない
お金の学びが成功の基本

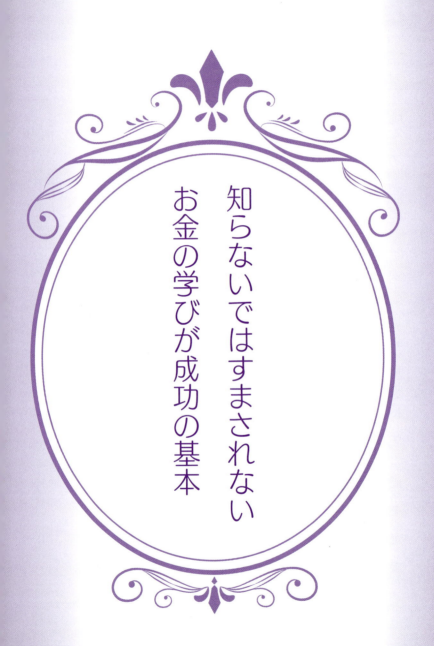

36 恥のかき捨て、大いに結構

少し、あなたの子供の頃を思い出してみてください。中学生や高校生も含めて、「お金の勉強」をした記憶はありますか？

――**おそらく「お金」について学ぶ機会は、そんなにはなかったはずです。**

つまり私たちの年代は、お金というものの真実の姿や、投資などの資産運用、家計の管理などをきちんと学ばないまま社会に出てしまうことが多かったのです。

例えば新入社員になって会社から給料をもらうなど、社会人になったとたんに経済活動のただ中に身ひとつで飛び込むわけです。

そうして、何となくお金の正体を知っているようで知らない状態のままで、人生を歩んでいくことになります。

あなたが50歳を越えて起業して、それを本業にしてやっていこうと思うなら、今からでも構いません。**自分の経済活動とお金との関係、もちろん税金についての知識**などもすべて含めて、「お金をいただくとはどういうことなのか」を、改めて学び直す必要があると私は思っています。

お金の勉強は大人になってからでも遅くない

私は会社員時代、営業職をやっていて、会社に貢献するために売上を上げなくてはいけない役回りでした。ですから、もしかしたら、普通の会社員の中では「**数字を扱う**」ことに長けていたほうかもしれません。

ですが、そんな私も家計単位で自分自身の経済が潤っていたかというと、そうでもなく、家計簿をつけるのも苦手でした。

そんな私も、社会人、特に独立自営になってからは、「さすがにこれは知らないとまずいでしょう」というお金の知識がたくさんあると知りました。

今さら聞くのは恥ずかしいと思っても、学ばなくてはいけない時があります。

特に、年齢を重ねれば重ねるほど、お金のことを知らないと「ものすごい情報弱者」、いわゆる「**情弱者**」になってしまいます。

年齢を重ねたお金の情報弱者が陥る罠とは

お金に関する情弱者は、いいように悪い人のカモにされます。歳を重ねてなまじ蓄えがあることで、怪しい投資に1000万円突っ込んだり、3000万円突っ込んでしまったりということが実際にあるのです。

50歳を越えて、お金の勉強ができていないと、どこにお金を使うべきなのか、どういう人が本当に信頼できるのかという判断もつかなくなってしまいます。

だからこそ、いくつになってもお金のことはしっかり学んだほうがいいのです。私ももちろん、今もなお努力を続けているところです。学び始めが遅かったので、今、取り戻しているわけです。

「**数字は面倒くさい。苦手だ**」という人も非常に多いのですが、自分の人生に関わることだと思って、そこはゆっくりでも**地道に勉強していく姿勢が必要**です。

変なプライドは捨てて、お金についてしっかり学び、正しく稼いでいきましょう！

今すぐできる！アクションプラン

1・自分のお金の習慣を見直す

日常的なお金の使い方や管理の仕方を見直すことは、成功のための第一歩です。無意識にお金を無駄使いしている習慣や、適切に管理できていない部分があると、お金は流れ出ていくばかりです。自分がどのようにお金を使い、管理しているのかを改めて把握してみましょう。

やってみよう！ 過去1カ月分の銀行の明細やクレジットカードの利用履歴をチェックして、支出をカテゴリーごとに分けてみましょう（例：食費、趣味、教育費など）。その中で「無駄使いだった」と感じる項目があれば、それを削減する方法を考えてみてください。

2・お金を管理する基本を学ぶ

50代からの起業には、お金の管理スキルが不可欠です。特に、**収入や支出のバランスを把握し、税金や経費の計算に慣れておく**ことは、長期的な成功に直結します。日々の家計管理からビジネスのお金の流れまで、基本的な知識を学び直すことをお勧めします。

やってみよう！ 1カ月間だけ家計簿と事業の収支をつけて、収支を可視化してみましょう。手書きでもアプリでも構いません。どこにお金が流れているのかを把握するだけで、驚きと発見があるはずです。

3・信頼できる専門家や情報源にアクセスする

お金に関する知識を得るためには、**信頼できる情報源や専門家の助けを借りることが大切**です。独学だけでは限界があります。ファイナンシャルプランナーに相談する、本やセミナーで学ぶなど、行動してみましょう。

やってみよう！ 地元やオンラインで開催されている初心者向けのマネーセミナーで構わないので、一度参加してみてください。特にファイナンシャルプランナーや実績のある講師が登壇するイベントを選ぶと、信頼性が高く有益な情報を得られるでしょう。基礎知識のあるなしは、今後、大きな差になって表れます。

投資などをすぐにやる必要はありません。ちゃんと勉強してからで十分です。

あなたは誰も行かない道を
選択できますか？

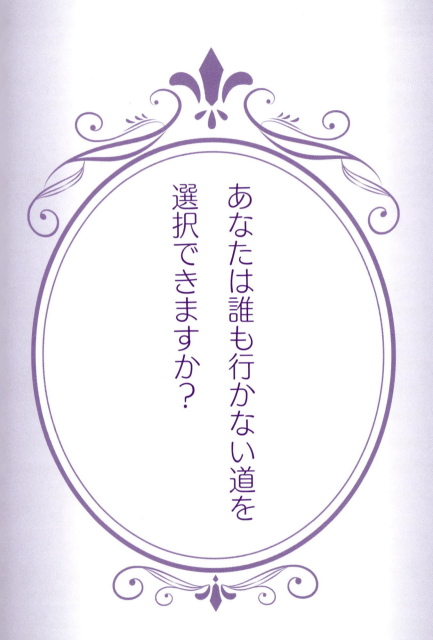

37 人がやらないことをするから上手くいく

ビジネスをする上で、自分の性格で得になっているなと私が思っているところが、ひとつあります。

それは、「**人と同じことをするのが嫌**」という性格です。

人と違うことをしたい。否、むしろ同じだとつまらないと思ってしまうのです。

ビジネスでもプライベートでも、すべてにおいてそうなのです。個性的であることや「変わってるね」と言われることは褒め言葉だと、私は受け取っています。

アンラッキーな生い立ちが私の個性を磨いた

ひとつ、私のプライベートでのエピソードをお伝えします。

私はサックスをやっていますが、サックスという楽器はゴールド色のものが普通だと思いますが、私は初心者の頃からシルバーのサックスを買っていました。

その後、ブラウンのサックスを見つけました。これも珍しい種類のものですが、デザインが綺麗で、他の人があまり持っていないからという理由で購入しました。
人が持っていないものを持ちたい。人と違うことをしたい。
私は常に**「人と違うほうを選ぶ人生」**を歩んできています。

そのルーツは、私の生い立ちにあります。家が貧しく、そもそも子供の頃から「みんなと同じことができない環境」にあったから、**「人と違うのが当たり前」という価値観**を持っていました。

ビジネスでは、この性格の何がいいほうに働くのか。人と同じことをやらないことによって、新しいチャンスを見出せることがあるということです。

多くの人にとって、周りの人と違う選択をすることは、恐れを伴うものです。そのチャレンジが上手くいくのか不安を感じるでしょうし、みんなと一緒のほうが怖くないと多くの人は思うでしょう。

でも逆に、前例がないからこそ、私が新しい道を作る人になるんだと決めれば、活動の幅は無限に広がるのです。

フロンティア精神を持って、オンリーワンを目指そう

すぐにはできないかもしれませんが、成功するひとつのコツとして、**「人がやらないからこそ上手くいく」**という考え方もぜひ、あなたの選択肢に加えてください。

自分の信念を持つ。他の人の意見や常識は、参考にする程度には聞いてもいい。

ですが、私思うに、やはり自分の価値観や目標を明確にする、リスクを恐れないでチャレンジするというのは、後悔しない人生を生きるために大切な選択です。

「人と違うことこそ財産である」と自分で理解できるようになると、逆に他の人の価値も認められるようになります。

そうすると、人と比較して自分で自分を傷つけることはなくなり、選択肢として人がやっていないことを選べるから、それによって上手くいくことが結構多くなります。

やはり、**ナンバーワンよりもオンリーワン**を目指すほうが精神的にもすごくいいし、結果的に新しいアイデアや新しいサービスが生まれる可能性が増えます。

私は、ぜひあなたにも、人がやらないことをやって、自分の価値観を活かしたビジネスを創り上げてほしいと思うのです。

今すぐできる！アクションプラン

1・「人と違う選択」を1つしてみる

大多数が選びそうな選択肢ではなく、**自分の価値観や直感を信じて、あえて「少数派」の道**を選んでみましょう。小さなことでも構いません。例えば、新しい趣味に挑戦する、普段行かない場所に行ってみるなど、自分の新しい体験が大切です。

やってみよう！ 今週、自分の生活や仕事の中で「みんなが選ばない選択」を1つ実践してみましょう。例えば、ランチに普段行かないお店に行く、いつもと違うルートで通勤する、または新しいマーケティング手法を試してみるなど、日常の中に「違い」を取り入れてみてください。

2・自分の「オンリーワンの価値」を棚卸しする

自分の過去の経験やスキル、個性を振り返り、他の人にはない自分だけの価値を明確にしてみましょう。人と比較するのではなく、自分のユニークな特性にフォーカスを当ててみることが大切です。

やってみよう！ 自分の「得意なこと」「好きなこと」「人から褒められたこと」を10個ずつ書き出してみましょう。それらを見比べ、**自分がオンリーワンになれるポイント**を見つけてみてください。

3・「人と違う視点」を意識して情報収集する

新しい挑戦をするには、他の人が見落としている視点やトレンドを、意識的に取り入れることが重要です。普段見ないメディアやジャンル、**異なる分野の情報に触れる**ことで、自分の思考やアイデアに新しい風を吹き込むことができます。

やってみよう！ 今週、新しい情報源に触れる時間を作りましょう。例えば、普段は見ない業界のニュースを観たり読んだりする、異なるジャンルの本を楽しむなど、視野を広げる行動を取り入れてみてください。そして、その中で「これなら自分ができる」「面白そう」と思ったことを1つ実践に移してみましょう。

残された人生の時間、
計算したことはありますか？

38 3秒で決めた結論は3年後と変わらない

【3秒で決めた結論は、3年後も変わらない】

私は、自分の直感がわりと正しいと経験でわかっているので、大抵の決断は「秒レベル」で決めることができます。

アメリカの第32代大統領フランクリン・ローズベルトの言葉も同じようなことを述べています。

「あることを真剣に3時間考えて、自分の結論が正しいと思ったら、3年かけて考えてみたところで、その結論は変わらないだろう」

この言葉の私バージョンが、**「3秒で決めた結論は、3年後も変わらない」**なのです。

豊かな人ほど直感で動く

お金持ちの人と話していると、大富豪になればなるほど、根拠がない直感で動いてもいい感じに運のいいほうに行くとおっしゃいます。

それはきっと、第六感が働いているからではないでしょうか？

直感とは何なのかといえば、自分の中で蓄積されていて、無意識のところで判断基準となる核や軸になるものがある。そして、それがパッと瞬時に引き出されることです。だから、基本は**直感で決めていい**と私は思うのです。**決断は早いほうがいい。**その理由は明確です。

3年かけて決めるようなことを3秒で決めれば、その間にもいろいろなことができます。とても忙しい現代で、3秒で出せる結論に3年もかけていると、それだけでかなりの時間の損失を招いてしまいます。

先延ばしは、経験値の損失と体力の劣化を招く

決められない人は、何事も決まらない。

その間、どんな残念なことが起こるかといえば、年齢がどんどん上がり、体は劣化していきます。夢を追いかける体力もなくなってきます。時が経てば自分の体力が衰えていくことを考えずに、結論を先延ばしにする人がいるのは、残念でなりません。

結論を出すこと自体は、怖がる必要もないし、秒で決めていいのです。

自分の夢を叶えるために決断をしたのであれば、あとはもう、意地でも夢を叶えて現実のものにするよう、がむしゃらに行動すればいいだけのことなのです。

私はよく、**「未来は自分で創れる。道なき道を創ればよい」**と言っています。

決めた結論に対して、自分で強引にそれを現実化すればよいのです。

結論は、YESかNOか、右か左か、どちらでもいいのですが、まずは「決める」ということが大切です。

年齢を重ねて50代を過ぎたなら、あなたにはもう迷っている時間はありません。

「秒で決める」

この習慣を持って、人生の時間を大切に使ってください。

今すぐできる！アクションプラン

1．「小さな決断を秒速で行う」練習を始める

大きな決断を秒速で行うのは難しいかもしれませんが、まずは**日常の小さな決断から「直感で決める」**練習を始めてみましょう。例えば、今日のランチや仕事の優先順位、日用品の購入など、選択肢が2～3個あるものに対してパッと決めてみることで、直感を磨き、決断力を高めていきます。

やってみよう！ 今日のうちに、少なくとも3つの選択を直感で行ってみましょう。迷わず3秒以内で決め、「結果に後悔しない」ことを意識してください。この小さな訓練が、将来の大きな決断をスムーズにする第一歩です。

2．「先延ばしにしていることをリストアップ」して行動を起こす

自分が今、先延ばしにしている選択や課題がないか振り返り、それをリスト化してみましょう。そして、そのリストから1つ選んで「今週中に決める」と期限を設定して行動を

起こしましょう。決断しないことで失われる時間やチャンスに目を向けると、行動への意欲が高まります。

やってみよう! リスト化した中で、一番簡単に取り組めそうなものを選び、「**今週中に決断・行動する**」と決めてください。その決断の結果をノートや日記に記録し、次の一歩を考えるきっかけにしてみましょう。

3・「時間を意識して選択肢を絞る」訓練をする

決断を早めるためには、**選択肢を無駄に増やさない**ことが重要です。選択肢を2つ～3つに絞り込み、その中から直感で選ぶ訓練を日常的に行いましょう。複雑な状況においても、選択肢を限定することで時間の浪費を防ぎ、結論に迅速にたどり着けるようになります。

やってみよう! 次に選択が必要な場面が来た時、「2つにまで選択肢を絞る」と決めてください。そして、そのうち魅力的に感じたものを直感で選んでみましょう。この方法を繰り返すことで、自然と迅速かつ的確な決断ができるようになります。

「仕事は趣味」と言える人生のススメ

39 「趣味は仕事で、仕事は趣味」という人生

「趣味は仕事で、仕事が趣味」

これは、私のビジネス感覚、つまり私のモットーとしてお伝えしていることです。

ライフワークとライスワークの違いとは

仕事には、「ライフワーク」と「ライスワーク」という分け方があります。

・ご飯を食べるために好きとか嫌いとか関係なく稼ぐ働き方を、ライスワーク
・趣味など、自分が好きなことを仕事にする働き方を、ライフワーク

こういう意味合いの言葉なのですが、私に言わせれば、どちらも惜しい。
まずは、ライスワーク。これは、仕事と好きなことが分断されています。

やらされ感がある仕事は、精神的にしんどいし、仕事をしている時間って結構長いですよね。

だとしたら、やはりこれでしょう。「ライフワーク」で働くことがいい。

「好きを仕事にする」という言葉はよく聞きますし、皆さんそこを目指すわけです。

ただ、個人的には**ライフワーク**と呼ばれる働き方のニュアンスには、**「お金は多く稼げなくても好きなことをしよう」**という、趣味的なニュアンスを感じます。

⚜高橋貴子オススメ、「仕事趣味化計画」とは？

私の理想とする働き方は、**「趣味を仕事にする」を主体的に実践して、ライフスタイルとして完全に融合させる**ことです。

私は独立してしばらくしたある時、好きなことしか仕事にしないと決めました。

それは、その時に師事していたコンサルの先生がおっしゃっていた次のひと言に、ものすごく納得したからなのでした。

「個人事業主の特権は、自分で好きな仕事を選べることだよ」

その結果、私は好きなことしか仕事にしない**「仕事趣味化計画」**を念頭において、仕事を選ぶようにしました。高額の仕事でも気持ちが乗らなければやらない。無償でもやりたいことならやる。その判断基準はとてもシンプルです。

このような、仕事を趣味化する働き方には**稼げるマインドと経済力が必要**です。逆に言えば、仕事自体を楽しく熱中できるものに変えてしまえば、マインドセットもできてお金も稼げるというのが「仕事趣味化計画」なのです。

何しろ、**仕事は人生の大部分の時間を占めるもの**です。

だからこそ50歳を過ぎた女性は、自分が好きなことを仕事にする可能性を考えたほうが、やはり人生は楽しくなると思います。

そんな生き方を選択できる女性がもっと増えるように、心から応援しています。

今すぐできる！アクションプラン

1・「仕事と趣味の融合点」を見つける

自分の趣味や好きなことをリストアップし、それがどのように仕事として活用できるか考えてみましょう。自分の得意分野や情熱が活かせる仕事を具体的にイメージすることで、**仕事を趣味化する第一歩**を踏み出せます。

やってみよう！ 自分の趣味や好きなことを5つ書き出し、それがどのように仕事に結びつくか考えてみましょう。「料理が好き」ならレシピ提供や料理教室の開催など、現実的な活用方法を見つけてみてください。この時に、すぐに可能性を潰さないようにしてください。まずは方向性を探るイメージトレーニングをしてみましょう。

2・「仕事の中で好きな部分」を見つける

また、今の仕事の中に、好きな要素や得意な部分を見つけ出し、それをさらに伸ばす方法を模索しましょう。好きな部分にフォーカスを当てることで、仕事の楽しさを再発見し、ポジティブな意識で取り組めるようになります。

やってみよう！ 仕事のタスクをすべて書き出し、その中から「**楽しい**」「**得意**」と感じるものに印をつけましょう。そのタスクを増やしたり、他の人に協力を仰いだりして、苦手な部分を減らす工夫をしてみてください。

3・「小さな挑戦」をスタートする

趣味を仕事にするには、小さなチャレンジを始めるのが効果的です。例えば、週末に趣味を活かしたイベントを開催してみる、ＳＮＳで作品を発信してみるなど、試験的に好きなことを仕事に取り入れていきましょう。

やってみよう！ この先の１カ月以内に、趣味を活かした「ミニプロジェクト」を１つ実施してみてください。例えば、友人や家族に試してもらう、ＳＮＳで投稿して反応を得るなど、それが商売として成り立ちそうか、反応を見ていきます。すぐに収益化しなくても大丈夫です。１年くらいのスパンで検証していきましょう。すぐに諦めない継続力が「**仕事趣味化計画**」のマインドとして必要なポイントです。

コラム：死と向き合った人が強くなれるワケ

私たちはつい、明日もいつもと同じようにやってくると信じています。でも、ふとした出来事がその「当たり前」を崩してしまうこともあるのです。私自身、18歳の時に殺されかけ、「死」を間近に感じた経験があります。こちらでは、「死」と向き合うことが、なぜ「生」を大切にできるのかをお伝えします。

人はいつだってあっけなく、簡単に死んでしまう

――18歳の時、私は新聞奨学生として働いていました。夕刊配達後、部屋で宿題をしていて、うとうととしていた夜、突然首を絞められるという出来事に直面しました。一瞬の判断で抵抗し、事なきを得ましたが、この経験が私の人生観を大きく変えました。

犯人は、隣に住む外国からの留学生。精神疾患があり、当時の話では「誰でもよかった」という犯行に巻き込まれたのです。18歳にして、「生死の境目」を体験しました。

この出来事を通じて学んだことが、その後の私の人生の選択の大きな基準となったので

す。それは、「人は何も悪いことをしていなくても、あっけなく死んでしまう」というものでした。

例えば、自然災害や事故などに巻き込まれることもあります。自分で抗うこともできず、何も理解できないまま、一瞬で命を落とすのです。

――「運が悪かった」というだけで人生が突然終わってしまうこともある。この現実を理解した時、「今」という瞬間をどう生きるかが、いかに重要かを深く感じました。

後悔のない日々を送ることが未来を変える

ここで少し、あなた自身に問いかけてみてください。「明日、死んでも後悔しない人生を生きているか？」と。もし答えが「ＮＯ」だとしたら、今日という一日を見つめ直すよい機会かもしれません。

人は生きているなら何度でもやり直しができます。例えば、ずっと挑戦してみたかったことに手を伸ばしてみる。ずっと後回しにしていた「ありがとう」を伝える。そんな一つひとつの小さな行動が、未来の景色を変えていきます。

そして、今日が、あなたにとって「未来を変える第一歩」となるように願っています。

おわりに　50代だからこそ手に入る自由と可能性

本書をここまで読み進めてくださったあなたに、心から感謝します。

いかがでしたでしょうか？　愛あるちょっぴり辛口の39の言葉。

これから新しい扉を開いて進もうとするあなたへ、私らしいエールを贈らせていただきました。


人生100年時代と呼ばれる今、50代はまだまだ多くの可能性に満ちています。

それは単なる希望的観測ではなく、これまでの経験、知識、人間関係といった財産が揃っているからこそ、50代は「挑戦と飛躍の年代」だと私は確信しています。

世の中には、「50代だからこそ遅すぎる……」と諦めてしまう方もいらっしゃいます。

一方で、「50代だからこそ始められる！」と新たな一歩を踏み出す人もいます。

あなたは、この本をここまで読み進め、間違いなく後者の道を選ぶ準備を整えつつある人です。

それこそが、これまでの人生の努力とこれからの決意の証です。

あなたが手に入れる未来

本書でお伝えした**「稼ぐ力」のマインドセットと実践のステップ**は、単なるノウハウではありません。

それは、私がこれまで50代女性のコンサルティングで指導してきた数々の成功と失敗の積み重ねから生まれた、いわば**「現場から生まれた金言」**です。

例えば、初めて作った高額講座をスムーズに売る人が持つマインドセット。

あるいは、離婚や人生の転機で「お金」と向き合い、稼ぐことで未来を切り開いた女性たちの姿。さらには、「死」と向き合うことで強さと覚悟を手に入れた私のストーリー。

これらはすべて、実際に現場で生まれたリアルなストーリーです。

AI的な架空のものでもなく、数字や理論だけでは伝えられない、**「泥臭く人間らしい挑戦の物語」**でもあります。

50代という年代は、これまでの経験が財産となり、それを稼ぐ力に変えることができる「第二のスタート地点」です。過去にどんなことがあったとしても、あなたの未来はあなた自身の手で創り出せます。

誰かに決められるものではなく、あなたが描くもの。

それが、50代の挑戦の素晴らしさです。

あっ、ちなみに私が2017年の初出版から8年目にして、**この本はひとつの節目、記念の10冊目の本**になります。そしてこの本を書いている本日時点で、**私は55歳**です。

本書をいつも手元に置くバイブルにしてほしい

本書は、あなたが未来を築くための「**いつでもあなたのそばにいる味方**」でありたいと願っています。

39のストーリーと6つのコラムには、あなたが一歩を踏み出すためのヒントが詰まっています。

- 「**初めての起業**」**に必要なマインドセットを整えること**
- 「**学びへの投資**」**を恐れずに行動すること**
- 「**仲間や友人との距離感**」**を適切に保ちながら応援されて前に進むこと**
- 「**自分の人生を自由に生きる**」**と決めて、仕事を楽しむこと**

これらを実践し、前に進むあなたを、私は心から応援しています。行動するたびに、あなたの周りの景色は変わり、これまで見えていなかった新しいチャンスと可能性が目の前に現れるはずです。

50代のチャレンジは「ガテン系エレガント」でいい

私は、写真やプロフィールの風貌からよくセレブと勘違いされがちなのですが、実情はまったく違います。むしろ、会社員の営業事業部長時代には、泥臭い「どぶ板営業」すら経験したことのある「ガテン系営業」です。

写真を小ぎれいにしているのは、ガテン系で見た目もゴリゴリだったら、女性に好かれないじゃないですか（笑）。だから見た目は、あくまでもエレガントに女性らしく、美しく軽やかに。でも水面下では、ガツガツ動いている。

――そんな印象です。

私は〝50代のチャレンジは「ガテン系エレガント」で行こう！〟を提唱したい一人なのです。

「挑戦する」と聞くと、多くの人は不安や恐れを抱きます。しかし、挑戦とは無謀に飛び込むことではありません。それは、これまでの自分の人生や経験を信じて、小さな一歩を踏み出すことです。

例えば、初めてブログを書いた日、初めて商品やサービスを作った日、初めてお客様と対話した日。それらの小さな一歩の積み重ねが、大きな成功へと繋がります。

⚜音楽経験ゼロの49歳の時に始めたサックス演奏の今

私は49歳の時に、音楽の経験もなければ楽器を触ったこともない、もちろん楽譜もまったく読めないという、まさにレベルゼロからサックスの演奏にチャレンジしました。きっかけは出版パーティーの余興で何かをやりたいと思ったことからでした。それが今や、出版記念パーティでのメインイベントとしてサックス演奏のコーナーを設けるまでになりました。

5年で30か所以上の全国ライブパーティを開催して、サックス演奏そのものを楽しみにしてくれるファンの方もつくようになりました。

現時点までで、ＭＶも６本制作しています。それがこちらです。
https://youtube.com/playlist?list=PLtOkoQHt8zyjBNBAeXX8Kna9ZbKUbajZ9&si=-IPp_UWgbWipbuD-

こんな未来が訪れるなんて、誰が予想したでしょうか？

――もちろん、誰も予想はしていません。私でさえ予想していない未来でした。

ただ、ひとつわかっているのは、**実現したいことがあれば、どれだけ年数がかかっても努力さえすれば必ず叶う**ということ。

だから、ただひたすら楽しく、泥臭く努力をした。ただ、それだけなのです。

人は何度でも立ち直れる

この本を読んでくださっているあなたは、これから起業する人かもしれないし、既に起業していて、少し停滞している頃合かもしれません。

または、離婚という人生の岐路に立っている時期かもしれませんし、自己破産とか会社の倒産とか、自分が思ってもみなかった危機的な状況にいる時に、藁をもつかむ思いでこの本を手に取ったのかもしれません。

でも、大丈夫です。

奇跡的にあなたはこの本を引き当てました。だから大丈夫。

本書を通じて、あなたが得た「稼ぐ力」のマインドセットを武器に、未来への扉を開いてください。人は何度でも立ち直れるし、いくらでも稼ぎ直せます。

そして、あなたがいつでも立ち戻れる「心の拠り所」として活用してほしいと、心から願っています。

50代だからこそ手に入る自由

最後にあなたにお伝えしたいこと。
それは、50代の今だからこそ、得られる自由と可能性に目を向けてください。
行動を起こすのに早すぎることも、遅すぎることもありません。

「挑戦する勇気が輝く未来を創る」

あなたの物語は、今、ここから始まります。
私はあなたのチャレンジをいつでも応援しています！

２０２５年4月
飛常識な経営コンサルタント　高橋貴子

Special Thanks

本書を出版するにあたり、たくさんの方々に支えていただきました。

今回で、5冊目のお付き合いとなり、大変お世話になっている産業能率大学出版部　坂本清隆様。

作家合宿やその他セミナーでも心に響くアドバイスをいただき、私の作家人生の礎を作ってくださったメンター的存在　作家の本田健さん。

そして、新刊が出るたびに、私の本をいつも全力で応援してくださるClubhouseの人気ルーム「耳ビジ（耳で読むビジネス書）」の主宰、著者仲間でもある下間都代子さん。

そして、たくさんの著者さんを応援くださる「耳ビジ★サポーターズクラブ」のみなさん。

いつも私の出版を楽しみに待っていてくださり全力で応援してくださる私のオンラインサロン　女神のTeaSalonのメンバーの皆様。

おかげさまで、５０歳からの起業メンタルを整える「稼げるココロの法則39」を出版することができました。

心からの感謝を込めて、お礼申し上げます。

いつもみなさま応援くださり、本当にありがとうございました。

みなさまのビジネスがより成功への近道を歩くことができるようにこの本をご活用いただければ幸いです。

“飛常識”な経営コンサルタント　高橋貴子

■高橋貴子Official website：http://libra-creation.co.jp
■百華辞典へ集客ノウハウblog：http://ss-bible.com/
■高橋貴子SNS：https://libra-creation.com/profile
■無料相談受付：高橋貴子　LINE公式アカウント@takako555
■YouTube：https://www.youtube.com/@libracreation
■instagram：https://www.instagram.com/takakotakahashi555/

Profile

高橋貴子

株式会社LibraCreation　代表取締役
“飛常識”な経営コンサルタント

2011年から神奈川県横浜市で、起業。パン教室「アトリエリブラ」を主宰。

前職はツアープランナー、インテリアコーディネーター、ブライダルバンケットプロデューサーなどを経験し、事業部長も務めた営業22年のビジネスキャリアを持つ。

のちに自身の電子書籍のレシピ本をきっかけに、電子書籍の出版コンサルタントとしても事業を展開。ビジネスに活用する電子書籍出版を指導する。

その後、パン教室ネット集客の運営実践データーをもとに、さまざまなジャンルの自宅教室開業・集客のコンサルティング業務を開始。

2015年に教室起業アカデミーとなる「Living起業アカデミー」を開講。

2016年に株式会社LibraCreationを設立。

女性の自立と自宅教室開業を支援する。自由な思考で未来を創るビジネスマインドを伝える「“飛常識”な経営コンサルタント」である。
■高橋貴子の飛常識ストーリー　https://youtu.be/zR33mLwdbU4

【著書】

2017年12月　趣味から卒業！しっかり稼げる自宅教室の開業・集客バイブル（合同フォレスト株式会社）
2019年04月　黒字へ飛躍！もっと稼げる自宅教室の集客・成約バイブル（合同フォレスト株式会社）
2021年09月　3フク業を実現！40歳から始める新時代のオンライン起業法オンライン自宅教室起業バイブル（産業能率大学出版部）
2022年07月　いつも時間がないと悩むあなたに贈る感情時間術（産業能率大学出版部）
2022年11月　自宅教室の集客マインド好転バイブル（合同フォレスト株式会社）
2023年07月　いつも価格設定で悩むあなたに贈る感情価格術（産業能率大学出版部）
2023年11月　いつも集客で悩むあなたに贈る感情営業術（産業能率大学出版部）
2024年07月　自宅サロン・自宅教室のための魔法の傾聴力（秀和システム）
2024年11月　AIを味方につけて稼ぎ続ける自宅教室になるための「百万円集客」（合同フォレスト株式会社）

読者プレゼント

あなたのビジネスマインドを成功に導く
小冊子無料プレゼント！

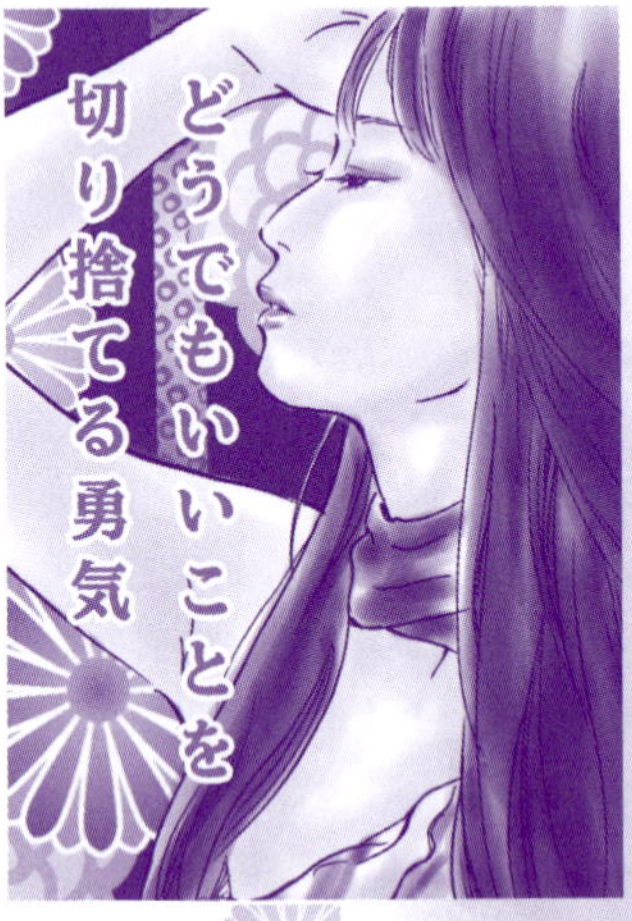

あれもこれもになってくると、ある程度取捨選択が必要。
なぜなら時間は有限だから。
実現したい姿、叶えたい自分の姿があるなら
本筋のやりたい事にフォーカスする事が大事です。
でも、どうしても切り捨てる事ができないなら
一旦脇に置いておき、理想の姿を手に入れてから再度
置いておいたモノを取りに行く。
全ての荷物を持って最速でいくのは難しいです。

プレゼント請求は
公式ラインから
ご請求ください

※プレゼントは限定数量が無くなり次第予告なく終了することもございます。あらかじめご了承下さい

50歳からの起業はマインドが9割
稼げるココロの法則39 〈検印廃止〉

著　者　高橋　貴子
発行者　坂本　清隆
発行所　産業能率大学出版部
東京都世田谷区等々力6-39-15　〒158-8630
（電話）03（6432）2536
（FAX）03（6432）2537
（URL）https://www.sannopub.co.jp/
（振替口座）00100-2-112912

2025年4月22日　初版1刷発行

印刷所・製本所　日経印刷

（落丁・乱丁はお取り替えいたします）　ISBN 978-4-382-15861-0